Les bases pour Jardiner

quand on n'y connaît vraiment rien

JEAN-MICHEL GROULT

ULMER

INTRO

Gratter la terre et soigner les plantes vous tente mais vous n'osez pas de peur de vous planter ? Lancez-vous ! C'est en jardinant qu'on devient jardinier, même si on n'y connaît rien : l'expérience vient vite et de toute façon, les jardiniers les plus chevronnés commettent des erreurs (plein, même). Il n'est pas besoin de science pour créer une potée, d'abord simple puis de plus en plus compliquée au fur et à mesure qu'on prend de l'assurance. De là naît tout le plaisir du jardin : regarder pousser ce qu'on a confié à la terre !

Jean-Michel Groult

Sommaire

Crédits photographiques (intérieur et couverture)
Toutes les photographies sont de l'auteur.

Illustrations
- Pénélope Bagieu : couverture, pages 5, 17, 29, 63, 77, 89.
- Liliane Blondel : pages 16, 18, 20, 80.

Remerciements
L'auteur remercie le Jardin des Cordylines, Antoine Isambert et Yannick Gourdon ainsi que Élodie et Grégory pour leur concours à la réalisation de cet ouvrage.

ISBN : 978-2-84138-369-6

8, rue Blanche
75009 Paris
Tél. : 01 48 05 03 03
www.editions-ulmer.fr

Conception et réalisation : Guillaume Duprat
Impression : Printer Trento

Dépôt légal : 2e trimestre 2009
N° d'édition : 369-01
Imprimé en Italie

Le mimimum vital

LA TERRE

Mises à part les plantes aquatiques et quelques végétaux exotiques, toutes les plantes y plongent leurs racines. C'est donc important !

LA TERRE DE BRUYÈRE <<
C'est tout simplement un terreau acide et sableux. Utile uniquement pour les rhododendrons, camélias... et autres "plantes de terre de bruyère", justement !

UN SOL, ÇA VIT !

Le sol dans lequel s'ancrent les plantes n'est pas un milieu inerte. C'est un mélange très complexe, dont il n'est pas nécessaire de connaître le détail. Il comporte de nombreux êtres vivants nécessaires à son bon fonctionnement. Les vers de terre ne sont donc pas simplement inoffensifs, ils sont tout bonnement indispensables ! Bien d'autres bestioles peuplent la terre, mais peu sont visibles à l'œil nu : ce sont les micro-organismes, qui transforment la terre, la rendent fertile et mettent les éléments nutritifs (les sels minéraux) à disposition des racines des plantes cultivées. Lorsqu'on parle d'une terre riche, on parle en fait… d'une terre vivante !

Le point le plus important à prendre en compte est la texture de votre terre. Certaines plantes poussent dans n'importe quelle terre, mais d'autres préfèrent les sols "légers" (sableux) ou au contraire "lourds" (argileux). Vous saurez ainsi ce qui poussera le mieux chez vous.

REMUER LA TERRE <<<
Le bêchage sert à aérer la terre ; ce n'est utile qu'au potager et on peut faire autrement. Par exemple, en "crochetant" la terre avec une fourche recourbée.

Sableuse

Fine mais ne formant pas de motte, on ne peut pas en former une boule au creux de la main. Elle laisse beaucoup filtrer l'eau. Il faut l'arroser souvent mais peu, car il ne sert à rien de détremper une terre sableuse.

Limoneuse

Elle ressemble à de l'argile mais est douce au toucher (un peu savonneuse), et moins plastique (contrairement à l'argile). On la trouve le plus souvent dans les vallées. C'est la meilleure terre qui soit, elle retient l'eau mais pas trop.

Argileuse

Terre collante, qui se gorge d'eau en hiver et se fissure en été lorsqu'elle sèche. Elle se façonne facilement en boudins dans le creux de la main. Elle peut être calcaire : on l'appelle alors "marne". Difficile à travailler au début, mais très productive lorsqu'elle est améliorée.

LA LUMIÈRE

C'est la source d'énergie des plantes : elles en ont donc besoin pour vivre et se développer.

Camélia d'hiver.

COUPS DE SOLEIL

La lumière constitue l'un des facteurs les plus importants pour une plante. Aucune plante ne peut survivre si elle en est privée. Chaque végétal a besoin de plus ou moins de soleil. Les plantes qui sont adaptées à vivre à l'ombre des arbres craignent le plein soleil. Les camélias plantés en plein soleil ne tarderont pas à jaunir, leurs feuilles montrant des taches que l'on peut comparer à des coups de soleil.

LUMIÈRE, SVP !

Lorsqu'une plante manque de soleil au jardin, elle a tendance à s'étioler un peu : elle ne fleurit plus, son feuillage devient plus tendre et elle est souvent attaquée par des bestioles qui profitent de sa faiblesse. Il faudra la replanter en situation plus lumineuse.

OMBRE OU SOLEIL ?

Chaque plante a ses préférences en matière de lumière, au jardin comme en intérieur. En pratique, on distingue trois catégories :

Plantes de plein soleil : elles ont besoin du plus de lumière possible (au moins 5 heures de soleil par jour… quand il fait beau !). Elles ne craignent pas le soleil de l'après-midi en plein été. Souvent, leur besoin est simplement abrégé par la mention “soleil” sur les étiquettes. Le meilleur exemple est celui des rosiers : sans soleil, pas de fleurs !

Plantes de mi-ombre : elles ne supportent pas la lumière de l'après-midi en été mais ne peuvent pas non plus survivre sans soleil (au moins 3 heures par jour). Ce sont des plantes à placer à un endroit qui ne bénéficie que du soleil du matin, ou bien un peu

Les légumes et les plantes à feuillage pourpre ont toujours besoin du plein soleil.

caché derrière un végétal de plein soleil, mais plus gros. Les hortensias font partie de cette catégorie.

Plantes d'ombre : elles n'aiment pas le soleil du tout, ou alors juste en hiver, lorsque les arbres n'ont plus de feuilles. L'exemple le plus classique est celui des fougères, quoique toutes ne soient pas des plantes d'ombre. Il existe tous les intermédiaires possibles, et le plein soleil à Nancy n'est pas le même que celui de Perpignan. Moralité : il faut surtout connaître son jardin pour savoir où se trouvent le soleil maximal et l'ombre la plus dense…

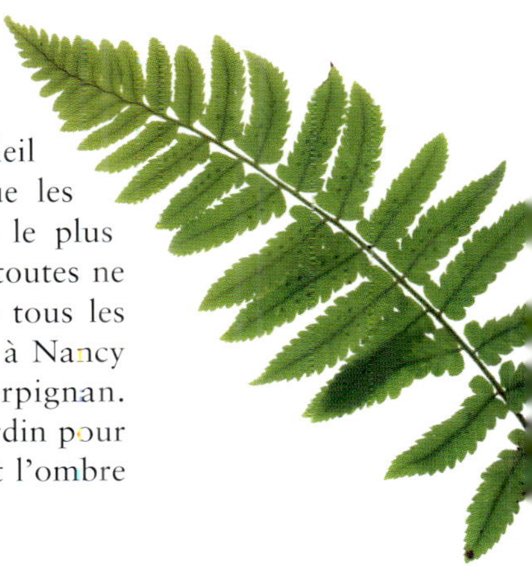

L'EAU

Elle constitue 99 % du poids d'une salade ! Cet élément est donc primordial, mais il faut bien le doser.

EN INTÉRIEUR <
La terre dans les pots doit être moite au toucher, mais non détrempée. L'eau dans les soucoupes doit être vidée après chaque séance d'arrosage.

TROP OU PAS ASSEZ ?

Lorsqu'une plante a soif, ses feuilles commenceront à flétrir. Au début, le problème se résout avec un arrosage apporté en urgence. Mais si l'on attend trop, les dégâts seront en partie irréversibles (certaines branches resteront sèches par exemple).
Au contraire, lorsqu'une plante a trop d'eau, elle jaunit du cœur. Le cas est typique sur les haies d'arbustes à feuilles toujours vertes (persistants), en terre collante (argileuse). Lorsqu'ils prennent une teinte jaunâtre, c'est qu'ils ont trop d'eau. Il faut alors améliorer le drainage (voir ci-contre).

LE BON ARROSAGE

Il faut toujours arroser au pied car de toute façon, les plantes du jardin ne boivent pas par les feuilles ! Ne lésinez pas sur la quantité : en plein été, comptez 0,5 l pour une petite plante (un pied de pétunia par exemple), 5 l pour un rosier, 20 l pour un hortensia et 50 l pour un arbre fruitier (pommier par exemple). Les légumes ont toujours besoin de plus d'eau que les plantes décoratives. Enfin, un arrosoir est plus pratique pour doser que le tuyau, car on a toujours l'impression d'arroser beaucoup avec ce dernier.

DRAINAGE CONTRE ARROSAGE

Le drainage, c'est ce qui permet à l'eau de s'écouler dans le sol. S'il est sableux, il ne se forme pas de flaque. Mais si l'eau s'accumule dans les trous, au printemps ou à l'automne en particulier, c'est que l'eau ne s'y infiltre pas correctement. Il faut alors améliorer le drainage.

QUELQUES SOLUTIONS DE DRAINAGE

Étaler et enfouir du fumier ou de la paille : cela aide à décompacter la terre en superficie (sur 20 cm d'épaisseur seulement). L'effet ne dure pas très longtemps (2 à 3 ans) si on ne recommence pas l'opération chaque année.

Creuser des fossés et des rigoles : quelques rigoles de 30 cm de profondeur évitent que l'eau ne s'accumule en un endroit donné. Parfois, il faut creuser plus, si le terrain est accidenté par exemple.

Poser des drains : il s'agit d'enterrer des gros tubes dans le sol sur un lit de graviers. Il faut perforer les tuyaux de trous de 1 cm, par lesquels l'eau s'infiltrera. Elle s'écoulera ensuite dans le tuyau. C'est une opération très lourde, mais dont les effets durent très longtemps.

Éviter que l'eau stagne au fond des pots lorsque le terreau se tasse au fond, en y mettant une poignée de tessons, de graviers ou de petits cailloux.

LA NOURRITURE

Une plante ne "mange" pas, mais elle tire de la terre tous les éléments nutritifs dont elle a besoin.

JUSTE POUR COMPRENDRE

Les végétaux poussent grâce à la lumière du soleil et au gaz carbonique, qu'ils transforment en matière organique. Cela ne se fait pas tout seul et pour y parvenir, ils ont besoin, comme nous, d'éléments minéraux mais en bien plus grandes quantités. L'azote, le phosphore et le potassium sont les trois principaux. Ce qu'il faut retenir, c'est que l'azote favorise les feuilles et les tiges, le phosphore favorise le métabolisme de la plante en général et la potasse encourage globalement les fleurs et les fruits.
À côté de ces trois grands éléments, les plantes ont aussi besoin de magnésium, de calcium (de calcaire, mais certaines le détestent) et de soufre. Comme nous, elles ont besoin de ces "oligo-éléments", en petites quantités. Il n'est aucun besoin de tous les connaître, surtout qu'ils varient d'une plante à l'autre. Retenez simplement que le bore, le zinc, le fer en font partie. Si ces éléments viennent à manquer, la plante ne pousse pas normalement (on dira alors qu'elle a une carence).

Une plante carencée en fer se "chlorose" : ses feuilles pâlissent et il n'y a que les nervures qui restent vertes. Il faut alors apporter un produit anti-chlorose (dans toutes les jardineries).

LES ENGRAIS

Les engrais (ou fertilisants) nourrissent la plante en lui apportant les éléments mentionnés précédemment. Ce sont des produits chimiques (obtenus par synthèse, donc artificiels) ou organiques (directement issus de matières naturelles). Ils se rencontrent sous forme liquide ou en poudre, voire en granulés. Le conditionnement importe peu en réalité. Ce qui compte, c'est leur contenu en éléments nutritifs et oligo-éléments.

NPK TOI-MÊME !

Un engrais est caractérisé par 3 chiffres marqués sur l'emballage : sa teneur en azote (N), en phosphore (P) et en potasse (K). Le sigle NPK est ainsi suivi de 3 chiffres (par exemple "NPK 10-8-6"), qui indiquent la quantité de chaque élément dans l'engrais. Plus il y a d'azote par rapport au reste et plus l'engrais favorisera les feuilles ; il sera adapté aux plantes à feuillage décoratif, au gazon et aux légumes dont on mange les feuilles (salades, etc.). Au contraire, un engrais riche en potasse (par exemple "NPK 5-5-14") conviendra aux plantes dont on veut favoriser les fleurs et les fruits, ce qui convient à la grande majorité des cultures. Le phosphore est rarement nécessaire en grande quantité.

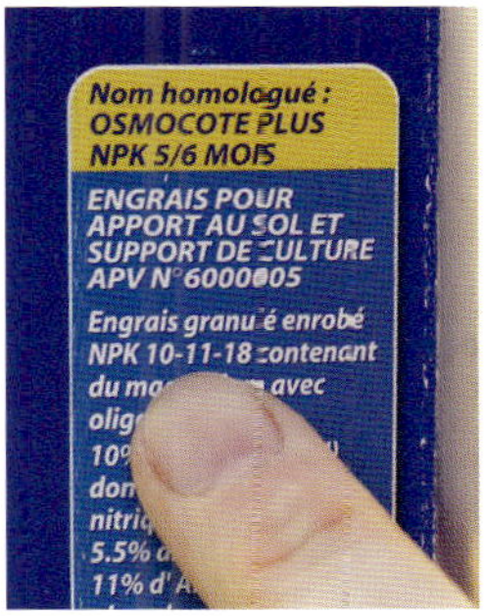

Un engrais riche : les trois chiffres du trio "NPK" sont élevés.

Les oligo-éléments sont toujours utiles : préférez les engrais qui en comportent (ils sont mentionnés juste après les chiffres NPK).

LES BONS OUTILS

POUR L'INTÉRIEUR, LE BALCON ET LA TERRASSE

Intérieur

- Petit arrosoir 1
- Petit sécateur 2
- Brumisateur 3

1

2

3

Balcon/terrasse

Tous les outils de jardinage en intérieur, avec en plus :

- Arrosoir 4
- Griffe à main 5
- Transplantoir 6
- Petit pulvérisateur 7

4

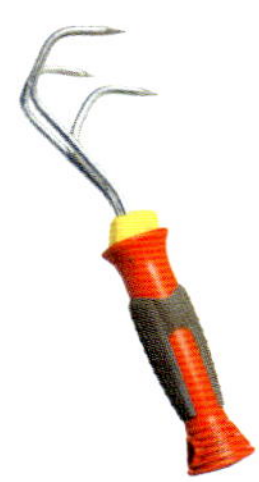

5

6

7

UN BON TUYAU

Le tuyau d'arrosage se révèle souvent indispensable, même sur les terrasses ou les grands balcons. Ne lésinez pas sur la qualité : on regrette toujours son achat face à un tuyau qui se tord, qui devient trop mou au soleil, etc. Le diamètre standard est de 15 mm, mais il existe aussi des tuyaux de 19 mm : achetez bien les bons raccords, sinon les fuites seraient garanties.

POUR LE JARDIN

Petit jardin

- Arrosoir 1
- Griffe à main 2
- Transplantoir 3
- Petit pulvérisateur 4
- Bêche 5
- Râteau 6

Grand jardin

Tous les outils pour petit jardin avec en plus :

- Grand pulvérisateur 7
- Cisailles 8
- Scie à ébrancher 9
- Binette 10
- Fourche recourbée 11
- Fourche-bêche 12

ZOOM

Une TERRE propre et décompactée

C'est l'occasion de faire un peu de sport et de toute façon, c'est essentiel pour réussir les cultures ! Il est ensuite bien plus facile de planter et de semer.

1 NETTOYER ET PRÉPARER LA TERRE

Si la terre comporte déjà de la végétation, reportez-vous p. 22 pour apprendre à nettoyer le sol.
Une terre bien préparée ne comporte pas de restes de mauvaises herbes, ni de culture précédente (vieux plants oubliés). Les premières occuperaient la place très vite, les secondes pourraient héberger des maladies qui se transmettraient à la culture suivante.

2 DÉCOMPACTER

Le bêchage (retourner la terre par platées avec une bêche) est un travail fatigant. On peut soit bêcher à la fourche-bêche (qui s'enfonce facilement), soit griffer le sol. Utilisez pour cela une fourche recourbée (on l'appelle aussi "croc de jardin") ou une griffe à trois dents. On la fait tomber sur le sol pour l'enfoncer et ensuite ou la soulève pour faire basculer les dents et soulever la terre.

3 NIVELER

Cassez les mottes avec le dos d'un râteau ou d'une fourche, si la terre soulevée forme de gros blocs (c'est le signe qu'elle est compactée). Il n'y a pas besoin d'émietter complètement les mottes, sauf si vous devez semer quelque chose de très fin (du gazon, par exemple). Enfin, avec le râteau, égalisez le sol. Passez-le sans l'enfoncer dans le sol. Le coup de main vient vite. Le sol est alors prêt pour planter ou semer !

Les techniques de base

COMMENT PLANTER ?

Dès que la terre est prête, dégainez vos pots et mettez en place vos nouvelles recrues !

PAS-À-PAS

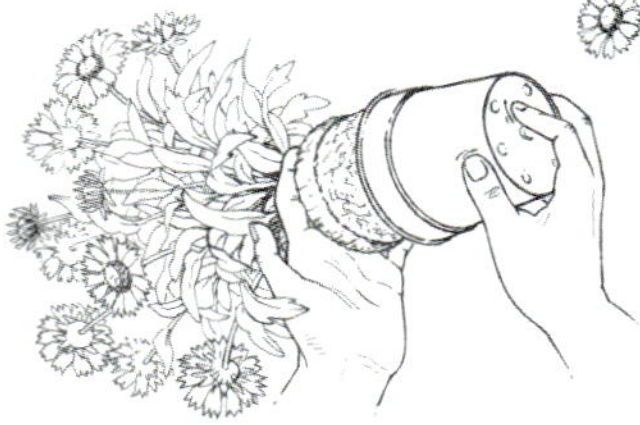

❶ Dépotez la plante comme si vous démouliez un gâteau, en renversant le pot. La masse de racines à laquelle le terreau ou la terre est collée s'appelle la motte.

❷ Démêlez les racines de la motte avec une fourchette (ou une griffe à main si le sujet est gros). Le volume s'en trouve réduit (si vous cassez quelques racines, ce n'est pas grave).

❸ Creusez un trou à l'emplacement souhaité, en tenant bien compte des besoins de la plante, en particulier l'ensoleillement et le type de terre. Le trou doit pouvoir contenir la motte sans que les racines ne se plient.

❹ Placez la motte dans le trou. D'une main, maintenez la plante droite et de l'autre, ramenez de la terre pour combler l'espace restant.

❺ Tassez ... un peu mais pas trop, avec la main ou le pied. Toutes les racines doivent être découvertes.

❻ Arrosez généreusement (même s'il pleut ou que le temps est humide). Cela colle la terre contre les racines. La plantation est alors terminée.

DEUX AUTRES MÉTHODES CLASSIQUES

Repiquer ❶

C'est planter en pleine terre des plantules issues d'un semis fait dans un pot. On arrache délicatement le plant pour le dégager avec le plus de racines possibles, et on le replante en pleine terre. On tasse la terre contre les racines en pressant avec un outil en faisant levier. Comme l'outil utilisé, le plantoir, a une forme pointue, on dit qu'on "repique".

Praliner ❷

C'est napper les racines d'une plante avec un mélange de boue et de fumier décomposé (ou de compost ou de terreau, à défaut). On emploie cette technique surtout sur les arbres et les rosiers vendus à racines nues. Une fois les racines nappées, on les plante comme indiqué ci-contre. C'est peu ragoûtant mais la reprise est excellente après !

À SAVOIR <<<

On doit toujours enlever ce qui retient les racines, en particulier les filets et les élastiques. Les racines doivent toujours pouvoir prendre leur aise dans le trou de plantation.

COMMENT SEMER ?

La méthode est simple. Il faut juste prendre garde à ne pas trop enterrer les graines !

AU JARDIN

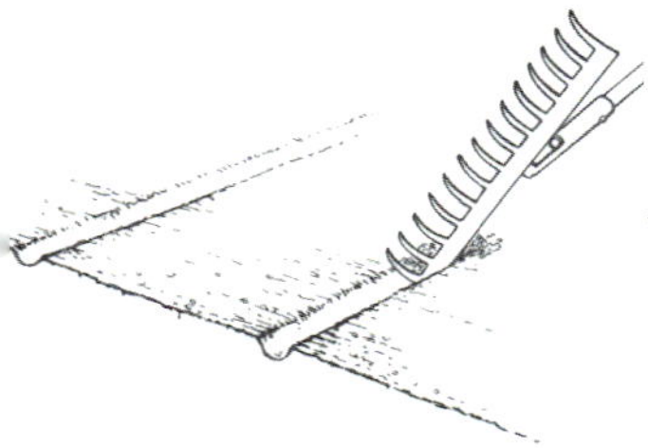

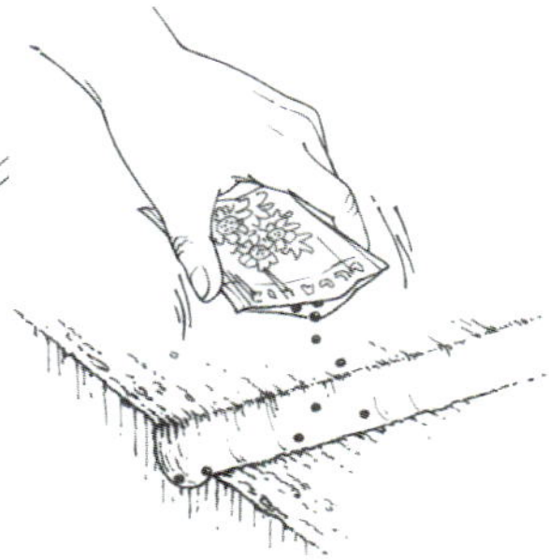

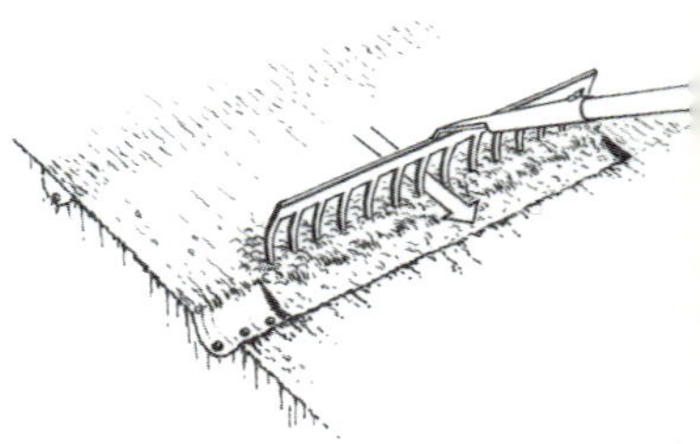

❶ Préparez le sillon

Avec l'angle d'un outil (un râteau par exemple), creusez une petite rigole (la terre doit être bien émiettée). Ne la faites pas profonde de plus de 3 cm, voire moins pour des petites graines (à peine plus d'1 cm suffit pour les radis, trois bons centimètres pour les gros haricots).

❷ Placez les graines

Disposez la semence en la répartissant de façon aussi régulière que possible.
En faisant osciller le paquet de graine avec la main, on arrive à mieux réguler le débit. Sinon, il existe des semoirs (sorte de petites boîtes en plastique) très pratiques. Ne semez pas trop dense, sinon ce sera la jungle !

❸ Recouvrez et arrosez

Avec un râteau, ramenez la terre sur les graines. Ne faites pas de butte : il s'agit juste de ramener la terre à niveau. Tassez avec le dos du râteau, en tapant doucement (sans forcer !). Arrosez par-dessus en pluie (au tuyau) ou avec une pomme d'arrosage (à l'arrosoir), mais jamais au jet, car vous décaperiez les graines !

LE SEMIS EN POQUET < < < < < < < < < < < < < < < < < < < < < < <

Plutôt que de semer en rang, on peut grouper les graines par 3 ou 4, en espaçant beaucoup les groupes. On creuse alors des trous de la bonne profondeur (voir ci-contre), et on sème dedans, en recouvrant de la même façon. Cette technique, bien adaptée aux plantes à gros développement (volubilis, capucines, potirons, haricots grimpants...), est intéressante aussi lorsqu'on n'a pas envie de préparer une grande surface pour semer !

EN POT

La technique n'est pas bien différente : on ne fait que l'adapter à la petite taille du contenant. Quelle que soit la variété que vous semez, faites un mélange d'une moitié de sable et d'une moitié de bon terreau (fin, pas collant), en brassant bien.

1. Remplissez un pot jusqu'à 5 cm du bord.
2. Égalisez la surface et disposez les graines.
3. Recouvrez-les avec 1 cm du même mélange.
4. Tassez avec un objet à fond plat (un verre par exemple).
5. Arrosez en plongeant le pot dans une coupelle d'eau pendant 2 heures et gardez ensuite au chaud, selon les exigences des graines (mentionnées sur le sachet).
6. Après la levée, il faut prendre soin des plantules !

ÇA NE LÈVE PAS ?

Pas de panique ! Lorsqu'un semis ne donne rien, c'est que les graines ont été trop enterrées. Certaines sont longues à germer (regardez bien ce qui est écrit sur le paquet). Et souvenez-vous que même les jardiniers les plus chevronnés ratent parfois leurs semis !

DÉSHERBER

Les mauvaises herbes posent problème par leur vigueur : elles poussent plus vite que les plantes cultivées et finissent par les étouffer.

La mercuriale, une mauvaise herbe annuelle facile à maîtriser.

Coupez la base au couteau.

AGIR SELON LES TYPES

Comme pour les plantes cultivées, les mauvaises herbes appartiennent à plusieurs types (voir page 30), selon qu'elles peuvent vivre une année seulement ou bien plus longtemps. Bien désherber consiste donc à retirer du sol toute cette végétation indésirable, en retenant bien ce principe : plus on désherbe tard, et plus cela exigera d'huile de coude ! Le mieux est donc de sarcler (râcler) la terre (avec une binette ou un sarcloir), lorsque de petites plantes apparaissent. On enfonce le fer à 1 cm sous la surface pour les décoller, et elles sèchent sur pied.

Les herbes saisonnières

Ces petites plantes qui ne vivent qu'une saison, n'ont pas un système racinaire important. Elles s'arrachent soit à la main en tirant dessus, soit en les sectionnant juste sous la base, à 1 cm sous la terre. On utilise pour cela un vieux couteau de cuisine ❶, mais il existe des couteaux à désherber. Certains utilisent aussi une gouge à asperges. L'important, c'est d'agir avant que la plante n'ait formé de graines, sinon tout sera à recommencer…

Les herbes pluriannuelles

Il faut bien arracher les feuilles mais surtout leurs racines, sinon elles repartiront de plus belle. Le chiendent, les orties, les pissenlits, etc. en font partie. Pour les déloger, utilisez une fourche recourbée ou un croc à dents❷ ; la bêche n'est pas le bon outil. Enfoncez sous la plante, et faites levier pour soulever. Secouez la plante pour faire tomber la terre, et tirez sur les racines qui restent.

Le croc à dents ou la fourche recourbée : idéaux contre le chiendent, aux racines tenaces.

La bâche noire : il n'y a pas plus laid ni plus efficace pour désherber sans peine...

DÉSHERBER SANS PEINE

Les désherbants chimiques ne sont ni écologiques ni vraiment pratiques, car ils exigent d'attendre un certain temps avant de pouvoir planter ou semer quoi que ce soit à cet endroit... Les alternatives consistent à couvrir le sol d'une bâche opaque 3, sous lesquelles les mauvaises herbes périront en 1 à 2 mois (3-4 en hiver). Au pied des plantations, il faut employer le paillis (voir page suivante). Certains légumes peuvent se planter sur une bâche opaque, que l'on incisera par endroits pour glisser les plants : fraisiers, courges, salades... C'est efficace, mais il faut un peu de pratique.

RESTEZ ZEN !

" La propriété d'un jardin est une affaire de dialogue entre l'homme et les mauvaises herbes. "

(Bashô, poète japonais)

PAS TOUTES MOCHES ! ‹ ‹ ‹ ‹ ‹ ‹ ‹ ‹

Dans la nature, il n'y a pas de mauvaise herbe. Certaines ne valent pas vraiment qu'on s'acharne dessus : il suffit de limiter leur végétation en arrachant toutes les repousses d'un coup pour ne pas se laisser envahir. Certaines, comme le petit liseron ci-contre, ont même un intérêt décoratif (et écologique au passage) : pourquoi ne pas essayer de faire avec ?

LES BONS GESTES

En plus des techniques de base pour installer les cultures, ces quelques réflexes vous feront gagner du temps et de l'argent.

Le composteur : indispensable et écolo.

LE COMPOST, OR NOIR DU JARDIN

Le compost est la matière fertilisante que l'on obtient en laissant un tas de déchets verts se décomposer. Il ne faut pas y mettre de plantes en graines (surtout les mauvaises herbes), car elles s'y concentreraient, restant prêtes à germer lors de l'emploi du compost ! On ne peut jamais rater un compost, si l'on attend assez longtemps. Pour bien faire, il faut mettre sur le tas les éléments à décomposer en les coupant en aussi petits morceaux que possibles (pas de branches entières). Et surtout, il faut le brasser régulièrement, c'est-à-dire soulever et retourner le tas avec une fourche. Un exercice à mener chaque mois pour éviter les mauvaises odeurs ou d'autres nuisances !

Tout est bon pour récupérer l'eau de pluie !

DE L'EAU À L'ŒIL

Récupérer l'eau de pluie fait partie des gestes incontournables au jardin. Cette eau est gratuite et de la meilleure qualité qui soit pour les plantes. Dans un premier temps, mieux vaut un système moche mais simple : un tonneau sous une gouttière. On trouve maintenant des kits dans le commerce à très bon prix, mais ne voyez pas trop petit. En plein été, la réserve doit durer aussi longtemps que possible avant le prochain orage !

PAILLIS, MODE D'EMPLOI

Le terme de "paillis" désigne toutes les matières que l'on dépose en couche entre les plantations. Ce n'est donc pas forcément de la paille, d'autant plus que celle-ci devient de plus en plus difficile à trouver.

Remuez à la fourche le tas de compost pour le faire décomposer plus vite.

Le paillis est efficace sur les légumes, mais aussi les plantes ornementales.

Il y a deux types de paillis :

- **ceux qui restent stables au fil du temps :** les écorces de pin, les miettes d'ardoise, la pouzzolane broyée, le gravier…
- **ceux qui se décomposent plus ou moins vite :** la paille bien évidemment, mais aussi le fumier, les tontes de gazon sèches, les feuilles mortes. S'y rajoutent ceux que l'on trouve dans toutes les jardineries : la paillette de lin, les coques de cacao ou de sarrasin, etc. Cette deuxième catégorie de paillis est plus intéressante pour les plantes, sauf si vous voulez un couvert qui reste propre pendant longtemps à leur pied.

CINQ RAISONS DE PAILLER LE PIED DES PLANTS

1. Économise les arrosages en maintenant l'humidité au pied des plantations
2. Nourrit les plantations en se décomposant
3. Limite la croissance des mauvaises herbes
4. Protège le sol des intempéries (le froid l'hiver, la chaleur en été)
5. Tire profit des tontes de gazons et des feuilles mortes dont on ne sait pas toujours que faire.

COMPOSER AVEC LES ÉLÉMENTS

En situation difficile, ventée, très humide ou très sèche, le jardin sera un peu moins facile à faire qu'ailleurs. Prenez les bonnes mesures.

Un brise-vent en bois doit laisser passer un peu d'air mais pas trop : choisissez de solides claustras.

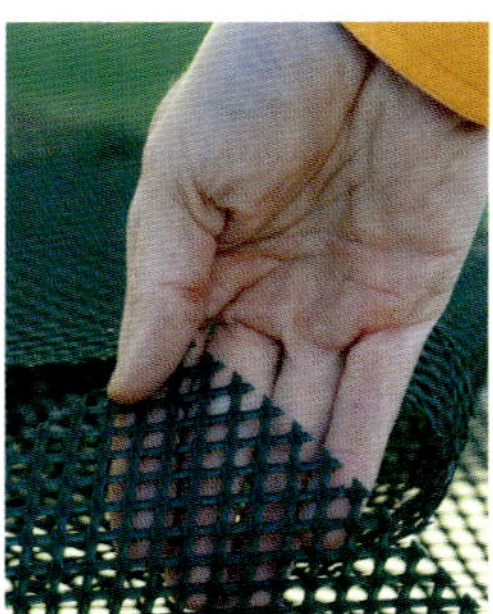

Moins élégants, les coupe-vent synthétiques sont aussi plus efficaces.

TROP DE VENT

Près du littoral et ailleurs, le vent incessant finit par rabougrir et brûler les plantes. Seule solution : en diminuer la force, par l'installation de coupe-vent. Ce préalable doit être rempli avant de vous lancer dans les plantations, si vous voulez qu'elles reprennent dans les meilleures conditions possibles. Un bon brise-vent filtre l'air mais ne le retient pas complètement comme un mur, sinon il retombe plus loin mais avec encore plus de force. Trois solutions possibles :

- **Une haie de végétaux** gardant leurs feuilles en hiver (voir page 44) : la plus efficace des solutions, qui demande aussi de l'entretien (la plantation et une taille annuelle).
- **Un brise-vent en bois**, comme des claustras. Il faut bien les arrimer au sol (en coulant les piquets de support dans du béton) et un petit entretien (peinture ou lasure) est préférable.
- **Un brise-vent synthétique :** peu coûteux et sans entretien, c'est aussi la plus vilaine des trois solutions. Elle est idéale pour couper le vent (et les regards indiscrets !) en attendant que la petite haie grandisse. À fixer sur des piquets bien attachés.

LES PIEDS DANS L'EAU… OU PRESQUE

En terrain humide, inutile de vouloir des lavandes ou un olivier, car ces plantes détestent l'excès d'eau ! Le mieux est d'améliorer le drainage (voir p. 10) ou d'adapter ses plantations, en choisissant des plantes qui aiment l'eau : les saules, les bistortes et toutes les plantes de marécage. En climat plus doux (près

Les bistortes adorent les terrains humides.

Les lamiers (ici 'Herman's Pride') prolifèrent à l'ombre.

de la mer), le panel sera encore plus grand. Mais rien ne vaut un tour chez un marchand compétent, qui vous conseillera.

À L'OMBRE

Le jardin d'ombre (moins de 3 heures de soleil par jour, voire pas du tout) ne pose pas de problème : il faut juste veiller à sélectionner des végétaux qui ne réclament pas le plein soleil (oubliez les rosiers et les tomates !). Fougères, camélias, hortensias, érables du Japon et bien d'autres sont pour vous ! Fertilisez régulièrement les plantes (au printemps et à l'automne) et arrosez-les durant l'été car, en général, elles ne supportent pas bien les épisodes de sécheresse. Les plantes d'ombre résistant à la sécheresse (et fleurissant, en plus !) existent mais elles ne sont pas légion. Les meilleures sont sans doute les lamiers (*Lamium*).

L'hosta préfère l'ombre.

ZOOM

UN JARDIN BIO, c'est quoi ?

Jardiner de façon écologique (ou bio), c'est mettre en pratique quelques principes qui évitent de recourir aux pesticides, mais pas seulement.

Un petit jet d'eau éliminera une bonne partie de ces pucerons sur la tige.

Le lamier rouge, fausse mauvaise herbe, car décorative et utile pour les insectes butineurs.

LIMITER LES RISQUES

Évitez les plantes qui tombent malades trop facilement. Les roses turbinées sont belles en bouquets, mais au jardin ce sont des plantes souvent très fragiles. Bien des plantes, si elles sont installées en grands groupes, vont être plus sujettes aux maladies et aux ravageurs : il y aura plus de chances pour qu'une bestiole trouve sa pitance et fonde une descendance heureuse et prolifique sur vos chéries !

Évitez les végétaux de terrain humide si votre région est sèche. En terrain calcaire, inutile de vouloir faire pousser rhododendrons, azalées ou camélias (appelés "plantes de terre de bruyère" de façon générique) : ils seraient forcément malades !

PROTÉGER SANS BATAILLER

Quelques pucerons n'ont jamais tué une plante bien établie. **Jardiner bio, c'est le contraire du réflexe "bestiole = ennemi".** On peut gêner les insectes indésirables en plantant des plantes aromatiques à proximité des cultures, mais ce n'est pas bien efficace. Un coup de jet d'eau les déloge, une pulvérisation de purin végétal les enraye. Et s'il faut vraiment passer aux choses sérieuses, employez un insecticide bio.

FERTILISER AVEC RAISON

Employez des engrais organiques de préférence, mais sans excès (voir page 12). Un fertilisant ne doit de toute façon être employé qu'en cas de véritable besoin (terre pauvre ou épuisée). Si une plante ne pousse pas, ce n'est pas forcément parce qu'elle a faim !

NETTOYER MAIS PAS TROP

Inutile de tout désherber. Laissez quelques herbes folles, tolérez les pâquerettes dans le gazon. Cela favorise une vie sauvage dont le jardin entier tire tout bénéfice. Les animaux bénéfiques se nourrissent de plantes sauvages et pas de plantes cultivées.

Que faire pousser au jardin ?

CONNAÎTRE les types de plantes

On ne peut pas faire pousser des tomates comme des jacinthes ! Les végétaux sont classés en catégories, qu'il faut connaître. Ils sont d'ailleurs souvent rangés suivant cet ordre dans les catalogues et les jardineries.

LES PLANTES ANNUELLES

Elles ne vivent qu'une saison et il faut les semer à nouveau chaque année. Ce sont soit des annuelles de printemps (à semer à l'automne et fleurissant au printemps suivant), comme le myosotis, soit des annuelles d'été (à semer après les gelées et fleurissant les mois suivants), comme le zinnia. Les annuelles poussent vite mais le fait de devoir les semer chaque année sur une terre qu'il faudra au préalable désherber et préparer est contraignant à la longue.

LES PLANTES BISANNUELLES

Elles se sèment en pot au printemps mais ne fleurissent que durant l'été de l'année suivante, après repiquage en pleine terre. Toutes forment des rosettes de feuilles durant l'hiver : digitale, campanule carillon, giroflée de Nice... Leur floraison est souvent spectaculaire, en grands épis très garnis.

LES PLANTES VIVACES

Ce sont les plantes décoratives qui vivent plusieurs années de suite. On les appelle aussi perpétuelles. Une fois installées, elles demandent normalement peu de soins. Certaines vivent peu (4 à 5 ans seulement), comme les lupins ou les roses trémières ; d'autres durent plus de 20 ans comme les hémérocalles (ou lis d'un jour). "Vivace" ne veut pas forcément dire "costaud" : certaines plantes vivaces, sensibles par exemple au froid ou à l'humidité en hiver, sont fragiles.

À SAVOIR <<<
Beaucoup de légumes à semer sont des plantes annuelles (salades, radis, basilic, courges...) ou bisannuelles (choux, poireaux, persil...). La rhubarbe est une plante vivace.

IMMORTELLES <
Ce ne sont pas des plantes vivaces. On les appelle ainsi parce que leur fleur sèche sans faner, c'est tout !

Le myosotis (en bleu) et la capucine (aux feuilles rondes) sont deux plantes annuelles, à ressemer chaque année.

La glycine, populaire et facile, mais dont la floraison peut se faire attendre durant les premières années.

LES ARBUSTES

Catégorie un peu fourre-tout, dans laquelle on peut rencontrer des nains comme des géants. Un arbuste fait en général moins de 5 m de haut à l'âge adulte et fait du bois comme les arbres. Les camélias et les lilas en sont des exemples. Avec les vivaces, c'est la catégorie la plus utile au jardin.

LES ARBRES

Au jardin, ce sont toujours de grands végétaux, pouvant dépasser 30 m de haut à l'âge adulte. Il existe de petits arbres, adaptés aux petits jardins.

LES GRIMPANTES

Toutes les plantes qui se comportent comme des lianes, telles la clématite, la glycine ou le lierre. On y classe aussi des rosiers à très longues tiges ainsi que certaines plantes annuelles.

AUTRES CATÉGORIES

Les plantes à bulbes survivent l'hiver sous terre ; les plantes tapissantes poussent en touffe très rase.

Les grimpantes comme la clématite perdent leurs feuilles en hiver !

BIEN LES CHOISIR

Bien acheter une plante, cela vaut la peine, pour mieux en profiter et en avoir pour son argent. Alors ouvrez l'œil !

PLANTES QUI GÈLENT ET PLANTES RUSTIQUES <<
Beaucoup de plantes résistent au gel. On dit alors qu'elles sont "rustiques" (cela ne veut pas dite que la plante est d'allure rustique !). C'est le cas des bambous. Mais bien d'autres craignent le gel plus ou moins fort, comme les mimosas (ci-dessus) et les arums. On ne peut pas rendre rustique une plante qui ne l'est pas. Souvent, la rusticité n'est pas indiquée sur les étiquettes. Dans les jardineries, les plantes rustiques sont vendues à l'extérieur, au rayon pépinière.

REPÈRES POUR BIEN ACHETER

Comme les plantes sont des produits périssables (elles ne sont pas faites pour durer des années dans leur pot sans soin), un lot arrivé en magasin depuis une semaine n'a pas le même intérêt qu'un pot attendant d'être vendu depuis deux ans ! De plus, les plantes sont des êtres vivants. Ce qui veut dire que deux plants auront des caractéristiques différentes, même s'ils sont produits de la même façon. On n'achète pas une plante comme un produit industriel : il faut la choisir. Il n'y a rien d'évident et c'est comme au marché : il faut tâter la marchandise avant d'acheter !

La plante doit :

- **Être en bonne santé** (pas de feuilles tachées, pas de branches cassées)
- **Porter des bourgeons prometteurs** (pas de tiges sèches sauf si la plante est caduque)
- **Bien se tenir dans son pot** (les racines qui s'échappent indiquent que la plante a trop attendu)
- **Avoir un port harmonieux** (un sujet déformé est souvent souffreteux et il risque de rester moche une fois planté !)
- **Avoir une étiquette** (sinon, impossible de s'y retrouver).

Les magasins vendent en général des plantes saines. Mais lorsqu'elles attendent trop longtemps dans leur pot, elles peuvent contracter des maladies... et ce n'est alors pas le vendeur qui vous le fera remarquer !

À choisir avec attention pour une pleine satisfaction.

INDISPENSABLE LATIN !

Les plantes ont chacune un nom latin universel. Il se compose d'un nom de genre (*Ceanothus* pour les céanothes, arbustes à fleurs bleues) et d'un nom d'espèce (par exemple *impressus* pour *Ceanothus impressus*). Le latin est bien pratique pour faire la différence entre des plantes qui ont toutes le même nom en français (les "céanothes" ou "lilas de Californie"), mais qui sont différentes (il existe plus de 150 variétés de céanothes). Le nom de variété est indiqué en majuscules et souvent entre guillemets pour faire la différence avec les autres, comme par exemple 'Tête-à-Tête' ou 'Queen Elizabeth'. Si vous recherchez une plante aux qualités particulières, vous n'aurez pas d'autre choix que de la chercher par son nom complet…

ATTENTION

Les plantes "rustiques" le sont plus ou moins. On dit par exemple que telle plante (un eucalyptus) est "rustique à - 7 °C" : tant que les plus froides temperatures en hiver n'atteignent pas - 7 °C, cette plante peut être plantée dehors. Cette précision ne figure pas toujours sur les étiquettes et on peut commettre des erreurs fatales avec des plantes au look exotique !

DES FLEURS !

Parce qu'elles sont colorées, que leur floraison évoque toute la grâce de la nature ou qu'elles rappellent des souvenirs, nul jardin n'en manque !

Les étiquettes offrent normalement toutes les informations nécessaires à la bonne culture de la plante. Vérifiez en particulier sa taille à l'âge adulte, si elle demande beaucoup de soleil, de l'eau...

COMMENT LES CHOISIR ?

La tâche est difficile car les plantes à fleurs sont incroyablement variées. Vous en trouverez de très nombreuses sortes dans les jardineries, mais l'éventail de tout ce que l'on peut cultiver est bien loin d'y être représenté. Regardez bien les étiquettes : ce n'est pas parce qu'une plante n'a pas de fleurs dans son pot qu'elle ne vaut pas la peine d'être achetée. Souvent, c'est l'inverse : la plante est vigoureuse, ne demande qu'à se plaire chez vous, même si elle n'a pas de fleurs.

Une plante saine et vigoureuse dans son pot aura des bourgeons bien renflés, des racines charnues et fermes. La plante dont les tiges sont à moitié sèches, ou dont les racines sont mortes, ne vaudra pas la peine d'être achetée. Les plantes, c'est comme les fruits : la fraîcheur avant tout !

ANNUELLES, VIVACES OU GRIMPANTES ?

On utilise le plus souvent les plantes annuelles parce qu'elles ont des coloris particuliers (le bleu par exemple), que l'on ne trouve pas facilement chez les autres types de végétaux. Elles sont utiles pour "meubler" un jeune jardin durant les premières années, en attendant que les arbustes et les plantes vivaces se développent. Mais comme la culture des plantes annuelles est contraignante (il faut faire ses semis chaque année, souvent en faisant lever les graines derrières une

Les belles de jour sont des fleurs annuelles.

Les violettes sont des fleurs vivant plusieurs années : elles sont donc vivaces. Et comme elles résistent aux gelées hivernales, elles sont rustiques !

vitre, au chaud), on a tendance à moins les employer au fur et à mesure que le jardin prend de l'âge. Les plantes grimpantes non annuelles, comme les clématites, le chèvrefeuille ou la passiflore ont l'avantage quant à elles de fleurir souvent dès la première année, et de continuer indéfiniment pendant les années suivantes. Ce sont d'excellents investissements.

COMMENT LES CULTIVER ?

Une fois que vous avez choisi vos protégées, il ne reste plus qu'à les planter et les faire prospérer.

LES PLANTER

Les asters sont des plantes vivaces à planter dès l'achat, sinon ils fanent vite.

En général, il vaut mieux ne pas faire attendre les plantes trop longtemps : plantez-les rapidement après achat. Sinon, gardez-les au pied d'un mur, à l'abri du vent desséchant. La meilleure saison pour planter est au printemps (en région froide ou humide) et en automne (en région sèche ou plus douce). En théorie, on peut planter une plante vivace toute l'année, mais la reprise n'est pas garantie si elle est plantée en plein hiver ou en plein été. On ne plante jamais quoi que ce soit lorsqu'il gèle, et on ne devrait pas non plus le faire par temps de canicule. Une fois ces précautions prises, préparez le sol comme indiqué p. 16. Et plantez comme indiqué p. 18 ❶. Arrosez bien au pied.

LES FAIRE POUSSER

Après plantation, la plante n'a pas besoin d'engrais, surtout si vous la plantez à l'automne. Pour encourager les vivaces, déposez une pelletée de compost mûr (le compost que l'on fait soi-même est plus nourrissant que le terreau du commerce), au pied ❷, au printemps (en mars-avril). Sinon, déposez une poignée d'engrais à libération lente, comme l'équivalent de 2 cuillères à soupe de corne broyée (vendue en paquets de quelques kilos le plus souvent). Cet apport suffit pour l'année.

Les vivaces caduques, qui sèchent en hiver, apprécient une taille à ras au mois de mars.

LES FAIRE REFLEURIR

Enlevez les fleurs fanées pour inciter la plante à refaire des boutons ❸. Un nettoyage tous les deux jours est préférable, mais mieux vaut le faire une fois par semaine que pas du tout. Sur les roses, les hémérocalles, les lis et les fuchsias, cela prolonge beaucoup la durée totale de floraison.

1

2

3

LES FLEURS incontournables

Leur popularité ne se dément pas depuis qu'on les cultive. Indémodables, souvent faciles à cultiver et disponibles en de nombreux coloris, elles durent toutes plusieurs années. Pourquoi s'en priver ?

Ancolies

Ces plantes vivaces ont une courte durée de vie (5 ans maximum), mais se ressèment d'elles-mêmes, si bien qu'elles se maintiennent sans aucun soin. Il suffit de laisser les graines mûrir sur le pied après la floraison. Une plante inratable.

Clématites

Ces lianes poussent très vite et forment des fleurs parfois larges comme des assiettes. Elles aiment avoir "la tête au soleil et le pied à l'ombre". Les variétés à grosses fleurs peuvent dépérir d'un coup : il suffit de les couper à ras pour qu'elles repartent. Pour mieux fleurir, certaines variétés ont besoin d'une taille chaque année, en fin d'hiver : plus la plante fleurit tard et plus il faut la couper court.

Dahlias

Ils font partie des fleurs inratables. Seul inconvénient : il faut les manipuler chaque année car ils ne résistent pas au gel l'hiver. Les dahlias se plantent au printemps, en avril-mai. Ils doivent être arrachés après les premières gelées et gardés tout l'hiver en cave, au sec. Ils craignent les limaces et parfois les coups de vent.

Hémérocalles

Plantes très faciles, leurs fleurs ne durent qu'un jour mais se renouvellent en continu pendant 3 à 6 semaines (selon les variétés). Elles adorent l'eau et peuvent pousser jusqu'au bord des ruisseaux. Les escargots et les limaces sont leurs seuls ennemis. Elles peuvent se passer de tout soin et forment petit à petit une grosse touffe.

Iris

Ils aiment le sec et le plein soleil, et aiment plus le calcaire que les terres lourdes (argileuses). Ils n'ont jamais soif ni trop chaud : ils sont inratables ! Ces iris ont juste besoin d'être divisés (arrachés et espacés) tous les 5 ans. Certains iris poussent les pieds dans l'eau mais leur forme est différente (ils ne portent pas de "barbe" à l'intérieur de leurs fleurs).

Lis

Parfumés ou flamboyants, ils refleurissent pendant des années, surtout en plein soleil et en terre riche (mais pas collante ni humide). Respectez bien la profondeur de plantation du bulbe : tous ont besoin d'une bonne couche de terre, sauf un : le lis de la Madone, qui se comporte différemment des autres lis. Ils n'ont qu'un ennemi : le criocère, un insecte qu'on peut surnommer le "doryphore du lis" !

Narcisses

En terre humide ou collante, ces bulbeuses sont les seules à pouvoir faire souche. Ils réussiront aussi ailleurs, à la mi-ombre ou au soleil (au mois 4 heures par jour). Ils n'ont pas d'ennemis et ne craignent pas le froid.
Les variétés à fleur sophistiquée ne dégénèrent pas.

Roses

Toutes aiment le plein soleil et là où il n'y a pas au moins 4 heures de pleine lumière par jour, ce ne sera pas la peine d'en essayer. Elles peuvent pousser en tout sol et tout climat. Elles ont de nombreux ravageurs et maladies, mais qui, au final, ne posent que des problèmes passagers et quasiment jamais fatals pour la plante.

Pivoines

Aussi belles que les roses, elles sont aussi plus capricieuses. Elles aiment la lumière (plein soleil), préfèrent les terres légères (elles vivotent en terre très collante). Elles ont peu d'ennemis (les boutons peuvent pourrir par temps humide). Les pivoines mettent du temps avant de fleurir : au moins 2 ans après la plantation. Les pivoines en arbre ont les mêmes besoins et vivent plus d'un siècle.

Tulipes

Classique mais classe, la tulipe aime les lieux bien exposés (au moins le soleil du matin). Les variétés sophistiquées ont tendance à régresser : il n'y a aucun moyen de les en empêcher, si ce n'est un pénible arrachage des bulbes en été puis une replantation en automne.

DES LÉGUMES

Récolter ses propres légumes, frais, savoureux et sains, quel bonheur! Mais cela ne s'obtient pas sans un peu de peine et d'organisation.

COURGE OU COURGETTE ?
Par "courges", on entend les courgettes, les cornichons, les potirons, les coloquintes (même si elles ne se mangent pas !), les potimarrons, les pâtissons...

PAR OÙ COMMENCER ?

Avant toute chose, la terre d'un potager doit être propre, c'est-à-dire désherbée, remuée, nivelée (au râteau). Les légumes ont besoin du plein soleil (les potagers à l'ombre sont vraiment très décevants).

LE BON MOMENT, PAS AVANT

Le mois de mars ou d'avril est le meilleur moment pour implanter ses cultures potagères. On ne doit mettre en place qu'après les gelées tous les plants qui craignent les gelées tardives. Ainsi, jusqu'au

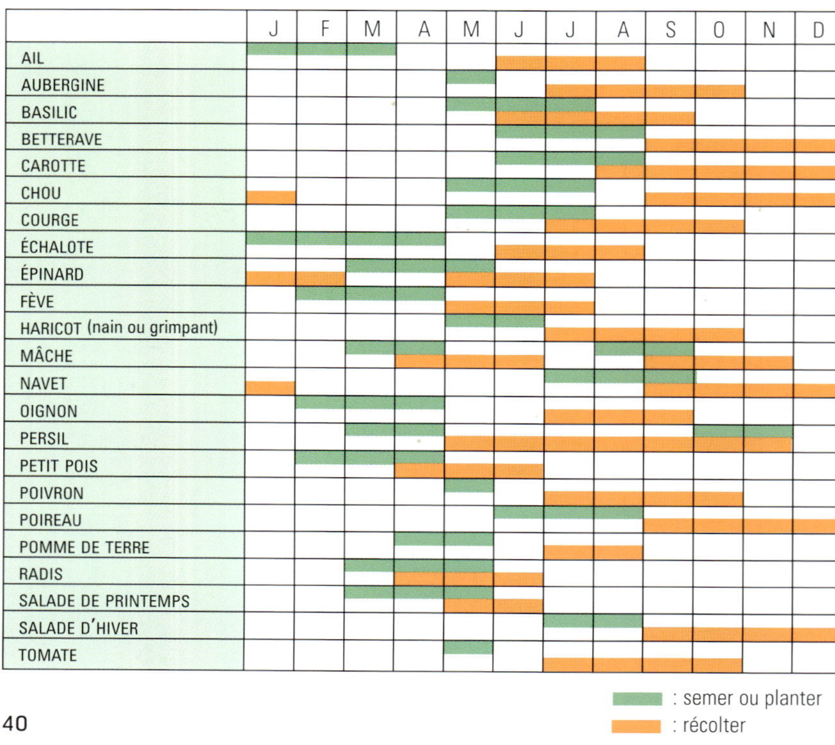

15 mai dans les régions les plus froides, un petit coup de gel matinal peut ruiner une plantation de légumes fragiles faite quelques jours auparavant. Les tomates, les aubergines, les piments et poivrons, le basilic et toutes les courges sont concernées. Il faut donc les semer à l'abri (derrière une vitre pas trop chauffée non plus), et ne les sortir dehors qu'à partir de ce moment-là. Le mieux, lorsqu'on débute, est encore d'acheter ses plants tout faits.

QUAND LES ACHETER ?
Au moment de planter : rien ne sert de les acheter début avril (même s'ils sont déjà présents en jardineries), car ils mourraient dehors à coup sûr !

PLANTER UN PIED DE TOMATE

Une opération très simple, à effectuer lorsqu'il ne gèle plus mais sans trop attendre non plus (passé le 15 juin, il n'est pas certain que les pieds aient le temps de donner).

1. Creusez un trou 5 cm plus profond que la hauteur de la motte.
2. Glissez-y le plant et rapportez la terre avec un outil ou à la main. Enterrez ainsi la base de la tige sur 5 cm.
3. Tassez en appuyant avec les mains et formez une cuvette (un rebord) autour du plant.
4. Arrosez aussitôt. Récolte dans un mois et demi, au mieux !

À SAVOIR
Dans la Lune ! Aucune étude scientifique n'a jamais prouvé l'influence du mouvement lunaire sur la croissance des plantes, contrairement à la croyance jardinière tenace. Inutile donc de vous soucier de cette superstition !

LES LÉGUMES incontournables

Ceux-là valent la peine d'être cultivés car ils sont bien meilleurs que leur équivalent du commerce ! Ce sont aussi les moins exigeants en soins.

Aubergine

À planter exactement comme la tomate. L'aubergine est plus résistante que cette dernière, mais a besoin de plus de chaleur.

Carotte

À semer au printemps pour une récolte estivale ou en été pour une récolte automnale. Elle met du temps à lever, mais ne pose pas de gros soucis.

Courgette

À semer dehors à partir de la mi-mai ou avant au chaud, dans la maison. Elle exige le plein soleil et beaucoup d'eau, mais donne beaucoup et rapidement.

Haricot

Nain ou grimpant, il se sème jusqu'au 15 juillet.
Sa culture est facile : il faut juste butter les pieds (ramener la terre contre la base des tiges) lorsque les plants ont 10-15 cm.

Petits pois

À semer tôt (février-mars), ils poussent en tout sol et ne sont pas très exigeants. Les pois mangetout se mangent avec la cosse (jeune). Les variétés à grains se mangent plus tard, après écossage. Attention : ils sont aimés des pigeons.

Radis

Inratable, il pousse dans toutes les terres. Les limaces peuvent réduire les récoltes. Le radis devient piquant s'il manque d'eau. Sa racine se creuse juste avant de monter à fleurs.

LES PLANTES AROMATIQUES ET CONDIMENTAIRES

Salades

Elles donnent en toute terre, mais craignent le manque d'eau et les limaces. À semer en plusieurs fois pour des récoltes échelonnées.

Persil

Il produit le plus de feuilles avant de monter à fleurs. Il faut donc en semer régulièrement car il meurt après la floraison (celle-ci intervient l'année suivant son semis). Il finit par se ressemer tout seul. Il peut être contrariant : il n'aime pas le repiquage et met longtemps avant de germer !

Tomate

Voir pages précédentes pour la plantation. Craint surtout le mildiou, un champignon qui fait pourrir les fruits. Il apparaît lorsque les plants reçoivent trop d'eau. Dans les régions très humides, mieux vaut les cultiver sous un voile en plastique.

Basilic

Frileux, fragile mais de pousse rapide, il ne doit être planté dehors qu'après la fin des gelées. Il vit jusqu'en septembre. Il doit être replanté chaque année, car il ne se ressème pas de lui-même.

Romarin

Il a les mêmes exigences que le thym mais est plus frileux (en région froide, il faut le planter en avril-mai : il est alors plus résistant au froid l'hiver suivant). Il vit longtemps et supporte de nombreuses tailles !

Thym

Petit buisson à cultiver en plein soleil, surélevé sur une butte de terre si le sol est collant. Vit environ 5 ans, après quoi il faut le renouveler (enfoncer ces tiges bien garnies, aux deux tiers, en mars-avril).

Sauge

Forme un buisson bas, décoratif. À cultiver comme le thym, en sachant qu'elle vit plus longtemps : environ 8 ans.

UNE HAIE

Loin des yeux près du cœur ! Rien de tel qu'une haie pour se protéger des regards… mais aussi du vent ou du soleil trop fort.

Une haie persistante requiert au moins deux coupes par an, à la main ou au taille-haie.

UN PEU DE TENUE !

Une haie peut garder ou perdre ses feuilles en hiver selon le type de végétal utilisé. Si elle les garde, elle est dite persistante, sinon elle est dite caduque. Une haie à feuilles persistantes n'est pas forcément avantageuse : elle pousse moins vite, le choix des végétaux est plus restreint, et elle est un peu plus délicate qu'une haie à feuilles caduques. Une haie toujours verte perd un tiers de ses feuilles chaque année : cela ne supprime pas la corvée de ramassage des feuilles sur la pelouse, mais ne la réduit que de deux tiers !

La haie à feuilles caduques

Elle peut être composée de végétaux fleuris au printemps, ou bien uniquement d'arbustes unis, pour en faire un écran de verdure. Il est aussi possible de composer un alignement de plantes à baies, pour un spectacle d'automne… et le régal des oiseaux !

Il existe des kits de haie prêts à planter dans le commerce, en modules thématiques.

Les haies persistantes

Elles doivent être plantées en mars-avril. Dans les régions douces (près de la mer ou dans le Sud), on pourra aussi les planter en septembre-octobre. Les haies caduques (quels que soient leur type et la région) le seront en automne.

La plantation s'effectue en ouvrant une tranchée large de 60 cm et profonde d'autant (cela dépend en fait de la taille de la motte des végétaux à planter). La technique à suivre est identique à celle de la page 18. On peut aussi creuser des trous tout le long, comme autant de plantations individuelles. Comptez 16 plants pour 10 m de haie. Les plants se disposent soit sur une ligne, soit sur deux lignes, en quinconce.

1

2

3

4

5

6

POUR UNE HAIE...

... fleurie caduque

Arbre de Judée (rose)
Buddléia (violet ou blanc)
Cassis-fleur (rose)
Cytise (jaune)
Forsythia (jaune)
Lilas (mauve)
Spirée (blanc)
Troène (blanc) 1

... unie caduque

Charmes
Hêtres (vert ou pourpre)
Noisetier (vert ou pourpre)

... persistante

Buis 2
Chêne vert 3
Cyprès
Eleagnus 4
Escallonia
Fusain du Japon
Houx
If 5
Laurier-palme
Photinia
Pittosporum
Viorne-tin

... à baies

Argousier
Aubépine
Cornouiller
Cotonéaster 6
Fusain d'Europe
Merisier
Pyracantha
Sorbier
Sureau

À SAVOIR

Et les thuyas ? Très à la mode jusqu'à présent, ils souffrent d'une maladie qui dépeuple les alignements en créant des "dents creuses". Leur pousse trop rapide exige un grand nombre de tailles. Mieux vaut les remplacer par d'autres végétaux, moins contraignants.

DES ARBUSTES

Qu'on les apprécie pour leur feuillage, leur floraison, leur forme ou tout cela à la fois, ils font partie des plantes dont il serait dommage de se priver !

FLEURS DE BOIS

La plupart des arbustes que l'on cultive valent pour leur floraison, et on les classe souvent parmi les fleurs : fuchsias, hortensias, lavandes, rosiers, etc. Ils ont tous en commun de former du bois, c'est-à-dire des tiges coriaces vivant plusieurs années. Leur forme est plus variée que les plantes vivaces (qui ne forment pas de bois) et ils se cultivent un peu différemment.

PLANTATION : PAS DE PIÈGE

Plantez les arbustes comme indiqué p. 18 et pour les arbustes de haie (p. 44).

LAISSEZ PARLER LE SÉCATEUR MAIS PAS TROP

L'entretien des arbustes consiste essentiellement en une taille de nettoyage, pour qu'ils forment des rameaux plus vigoureux. Ce n'est pas une opération simple, car il faut couper au bon moment et seulement lorsque c'est nécessaire. Peu d'arbustes en réalité ont besoin d'une taille régulière !

- **Les arbustes à fleur** se taillent différemment selon leur époque de floraison (voir tableau ci-contre).
- **Les arbustes à baies** se traitent un peu de la même façon, à ceci près qu'on ne les taille jamais après la floraison, puisque les fleurs fanées se transformeront en baies.
- **Les arbustes à feuillage décoratif** se taillent au moment de la formation des jeunes rameaux (au printemps). La taille n'est nécessaire que s'ils deviennent trop gros.
- **Les arbustes, dont la forme prime sur le reste** (taillé en boule, à la japonaise, etc.), se taillent 2 à 3 fois par an, lorsque les pousses s'écartent de 10 cm de la forme.

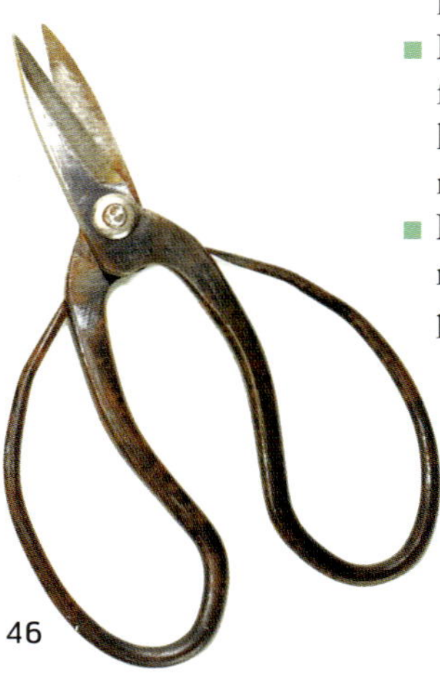

Des pousses saines, un port harmonieux : un bon achat !

Une spirée au printemps.

Quand et comment tailler les arbustes à fleurs ?

	ÉPOQUE	SOINS PARTICULIERS
Boule-de-neige	Février-mars	Couper les plus vieux rameaux
Bruyères	Après la floraison	Tailler à la cisaille
Buddléia	Après la floraison	Couper court
Caryoptéris	Mars-avril	Couper court
Cornouillers	Février-mars	Tailler à ras
Deutzia	Mai-juin	Ou couper des bouquets !
Hortensias	Février-mars	Au-dessus de gros bourgeons
Lavande	Après la floraison	Couper 1/3 de la pousse de l'année
Lilas	Après la floraison	Ou couper des bouquets !
Lilas des Indes	Hiver	Ne garder que des grosses branches
Rosiers	Hiver	Dépend du type (grimpant, buisson, rosier ancien…)
Santoline	Mars-avril	Tailler court à la cisaille
Seringat	Après la floraison	Ou couper des bouquets !
Spirée	Février-mars	Garder les plus belles tiges
Viorne	Après la floraison	Couper les plus vieilles tiges
Weigela	Après la floraison	Ou couper des bouquets !

NE SE TAILLENT QUE S'ILS SONT TROP ENCOMBRANTS

- Cassis-fleur
- Céanothe
- Cognassier du Japon
- Cotonéaster
- Forsythia
- Hibiscus de jardin
- Mahonia
- Pyracantha
- Rhododendron
- Symphorine

LES ARBUSTES incontournables

Ces classiques ont aussi le mérite de pousser sans souci mais il en existe bien d'autres !

Buddléias ❶ ou arbres-à-papillons

Arbustes à feuillage un peu gris, poussant dans presque toutes les conditions en plein soleil. Ils aiment les sols pauvres, supportent le calcaire et le vent. Ils n'ont pas d'ennemis mais se ressèment dans les milieux naturels et y constituent une menace. Taillez-les sans faute après la floraison : ils ne produiront pas de graines et vous aurez de plus belles fleurs l'année suivante.

Camélias ❷

Ils gardent leur beau feuillage vert luisant toute l'année. Les fleurs sont assez variables, dans les tons de rose, de rouge ou de blanc pour l'essentiel. Leur croissance et lente mais régulière (20 cm par an), en terre non calcaire, à l'abri du soleil vif (ils ne doivent plus en recevoir après 11 h du matin), et en sol pas trop sec. Les camélias ne demandent aucun entretien mais peuvent donner du fil à retordre aux débutants !

Corète du Japon ❸

Cousin du framboisier, ses tiges restent vertes et lisses en hiver. Il porte ses pompons jaune d'or dès le mois d'avril. Il n'aime pas trop le calcaire ni les terres collantes (argileuses). Ni entretien ni ennemi.

Hibiscus ❹ de jardin ou althéas

Ils perdent leurs feuilles en hiver. Ils poussent partout en plein soleil, sauf s'il y a trop d'eau : ils n'aiment pas les sols détrempés. Pas d'ennemi ni d'entretien (ils ne dépassent pas 1,50 m), sauf pour les maniaques : enlever les fleurs fanées car elles donnent de vilains fruits en hiver.

Lavandes ❺

Ces petits arbustes ont impérativement besoin du plein soleil et d'un sol non humide. Les lavandins comme 'Grosso' peuvent être cultivés jusqu'à 800 m en montagne. Attention à bien tailler tout ce petit monde : coupez une partie des pousses de l'année après la floraison, et pas seulement les tiges ayant porté les fleurs. Sinon, le pied se dégarnit.

Lilas ❻

Un peu moins à la mode, il faut les choisir greffés pour ne pas être envahi par les centaines de rejets au pied. Plus on coupe de bouquets de fleurs sur un lilas, et plus il fleurit l'année d'après !

Magnolias ❼

Les variétés à feuilles caduques fleurissent de mars à mai selon la région. Leur fleur en forme de grosse tulipe, rose, mauve ou blanche apparaît sur les sujets âgés d'au moins 3 ans. Ils préfèrent les sols qui ne se dessèchent pas complètement en été. Sans ennemi ni entretien.

Viornes ❽

Cousines des hortensias, les viornes sont très variées. Les variétés à parfum (*Viburnum burkwoodii*) connaissent une popularité croissante. Elles poussent en toute terre, restent petites (2 m maxi) n'ont pas d'ennemi et ne demandent pas de taille. Et quel extraordinaire parfum !

Weigela ❾

Ces arbustes à fleurs roses ou rouges poussent vite dans toutes les terres. Un soleil complet ou partiel leur convient. Seul entretien : couper un peu les vieux rameaux tiges après la floraison pour en favoriser de nouveaux.

1

2

3

4

5

6

7

8

9

DES FRUITS

Petit plaisir ne va pas toujours sans souci : les plantes à fruits ne sont pas les plus simples pour un débutant !

Attention ! Certains arbres fruitiers ont besoin de congénères pour bien fructifier : cerisier, pommier...

L'heure de la cueillette approche !

DE LA PATIENCE !

Planter un arbre fruitier revient à faire un investissement, en argent mais surtout en temps. Un pommier ne produit pas avant 5 ans, un cerisier 5 à 6 ans, un noyer attend 10 ans ! Il faut les planter en premier, afin de gagner du temps. Les framboisiers, les fraisiers, les cassissiers et les groseilliers fructifient beaucoup plus vite.

DÈS LA TOUSSAINT

Les arbres à fruits doivent être plantés en novembre dans l'idéal. Il est possible de le faire jusqu'en mars si l'arbre est vendu "à racines nues", c'est-à-dire sans terre (voir ci-contre). En pot, c'est possible toute l'année mais l'automne est préférable. Suivez le mode d'emploi p. 18.

LA TAILLE EN DÉTAIL

Les pommiers et poiriers doivent être taillés pour bien donner. La taille est technique et mieux vaudra consulter un ouvrage plus détaillé, car il n'y a pas de recette toute simple. Les groseilliers et framboisiers doivent être rafraîchis chaque année (on coupe les vieilles tiges, mais sans soin ça donne quand même !). Pour le pêcher, le figuier et le noisetier, la taille est optionnelle et déconseillée pour le cerisier.

À SAVOIR < < < < < < < < < < < < < < <

La fécondation d'une fleur par le pollen (la pollinisation) donne le fruit. Pour avoir des fruits, il faut donc que les arbres portent des fleurs et qu'elles soient fécondées.

Planter un arbre à racines nues

1. Transportez l'arbre en emballant les racines : elles ne doivent pas sécher.
2. Coupez l'extrémité des racines abîmées.
3. Préparez un pralin : moitié compost, moitié argile, le tout bien délayé à l'eau.
4. Trempez les racines de façon à les en napper.
5. Placez le sujet dans un large trou, comblez de terre et arrosez copieusement.
6. Taillez les rameaux cassés ou excédentaires.

LES PRINCIPAUX FRUITS

Abricot 1
Réputé frileux, il ne craint que les gelées tardives, celles qui interviennent au moment de sa floraison précoce et après. Il se cultive comme le pêcher et donne souvent une année sur deux lorsqu'on ne le taille pas.

Cerise 2
Une fois planté, il ne demande aucun soin.
Il pousse en tout sol et exige le maximum de soleil. S'il ne donne pas de fruits, c'est qu'il manque d'une autre variété pour le féconder. Pensez à protéger les fruits contre les oiseaux. Les pruniers se cultivent de la même façon.

Figue 3
Pas complètement rustique, le figuier se plaît en plein soleil. Il pousse plus vite s'il a de l'eau en été. Au nord de la Loire, plantez-le contre un mur exposé au sud et choisissez la variété 'Pastilière', la plus résistante au froid. Il ne pose pas de problème une fois bien installé.

Fraise 4
Il s'agit d'une plante vivace et non d'un arbre ! Plantez-les en rang, sur un film noir que vous fendrez pour passer la motte des plants. Une plantation en hiver donne un peu au printemps, et beaucoup ensuite.

Framboise 5
Vous pourrez en récolter au soleil ou à l'ombre, en tout sol. Éliminez les rameaux ayant donné, et coupez de moitié ceux qui ont poussé dans l'année (ils donneront l'année suivante).

Groseille 6
Ils poussent au soleil ou à la mi-ombre (voir p. 8). Coupez les longues tiges raides de moitié en février, et protégez des oiseaux. Les cassissiers se cultivent de cette façon.

Noisette 7
Les noisetiers poussent dans à peu près tous les sols. Ils n'exigent pas de taille particulière et aucun traitement. Parfait pour les débutants

Pêche 8
Moins rustique qu'on ne croît (moins que l'abricotier), c'est un arbre qui craint les gelées tardives ainsi que les sols humides ou trop argileux. Coupez en fin d'été 2/3 de la longueur des pousses verticales formées dans l'année et respectez les traitements (voir l'encadré ci-dessous).

Poire 9
Moins encombrant qu'un pommier et donnant plus jeune, on peut en faire pousser dans tous les sols, en plein soleil. Attention aux formes palissées (en forme de "U"), qui demandent une taille très attentive.

Pomme 10
Pousse en tout sol, au soleil. Parmi les centaines de variétés, il en existe forcément une pour chez vous ! Exige une taille chaque hiver et des traitements (tous disponibles en version bio) pour bien donner.

Raisin 11
À cultiver contre un mur exposé au sud. Aime le calcaire, moins la terre collante. Nécessite une taille en mars : on coupe toute la pousse de l'année précédente, sauf les 20 premiers cm. Les variétés 'Amandin' et 'Perdin' se passent de tout traitement.

MALADIES À CRAINDRE < < < < < < < < < <

Les arbres fruitiers sont fragiles et les traitements (bio !) sont indispensables. Pêchers, abricotiers, pommiers et poiriers ont besoin d'un traitement au soufre contre les champignons pathogènes lorsque les fruits ont la taille d'un pouce, et de nouveau à la chute des feuilles. En cas d'attaque de chenilles, pulvérisez un anti-chenilles à base de Bacillus (ou "Bt").

1
2
3
4
5
6
7
8
9
10
11

DES ARBRES

Réservés aux grands jardins ? Pas forcément, car il existe de petits arbres qui ont tout des grands !

L'érable du Japon est un petit arbre, qui dépasse rarement 3 m de haut et convient bien aux petits jardins.

GRAINE DE GÉANT

Un arbre se développe au-delà de 6 m de hauteur pour atteindre parfois plus de 40 m de haut… mais ses branches s'étalent sur 10 m de large, voire davantage. Les platanes, les tulipiers de Virginie, les liquidambars, les séquoias et les cèdres (deux conifères) forment ainsi de grands sujets. Ils doivent être plantés à au moins 20 m de la maison. Ils donneront une ombre dense en été et les conifères capteront la lumière toute l'année. Ces grandes essences ne doivent être envisagées que dans les grands jardins (plus de 1 500 m^2).

LES ARBRES DE FORMAT MOYEN

Sinon, envisagez des arbres à plus petit développement. Les érables et les bouleaux dépassent rarement 15 m et l'ombre n'est pas trop dense en dessous : vous pourrez y faire pousser autre chose, comme des fleurs, mais pas de légumes. Les érables peuvent avoir de belles feuilles, colorées au printemps et en automne, mais aussi une belle écorce, teintée de vert. Ce sont les meilleurs arbres de format moyen, qui occupent 4 à 5 m de large au sol à l'âge adulte. Les pommiers décoratifs et les pruniers d'ornement (à l'écorce brillante) vous intéresseront aussi dans ce cas.

Cet if (un conifère) a un port très dressé ; on dit qu'il est "fastigié".

VOUS AVEZ LE MÊME EN TAILLE S ?

Il existe quelques variétés naines de grands arbres, comme des ginkgos nains (la variété 'Mariken' par exemple) et de très nombreux conifères nains. En revanche, il n'existe pas de hêtre ou de chêne nain (du moins dans les circuits classiques de vente). Si vous avez un jardin très petit, pensez plutôt aux arbustes : comme certains se taillent facilement, il est possible d'en former de petits arbres.

Les arbres fruitiers (à gauche, un olivier et à droite, un abricotier) peuvent aussi servir comme arbres d'ornement, lorsqu'on n'a pas beaucoup de place pour planter davantage.

BIEN Y PENSER AVANT DE PLANTER :

- **Les arbres ne se transportent pas facilement :** vérifiez que le point de vente puisse vous livrer l'arbre à domicile. Les pépinières livrent plus volontiers que les jardineries (et ces dernières davantage que les magasins de bricolage en général).
- **Respectez les distances limites de plantation** : à 2 m au moins de la clôture vous séparant du voisin. En dessous de cette limite, il pourrait vous contraindre à ramener l'arbre à 2 m de hauteur à coups de scie !

Le figuier supporte une taille sévère et n'est donc jamais encombrant.

DU GAZON

C'est au printemps (mars-avril) et en automne (octobre-novembre) qu'il faut installer un gazon. La meilleure solution : le semer.

TERRAINS SECS
Là où les étés sont très secs, il faut adapter le choix du gazon, sans quoi votre tapis vert ressemblera à du macramé ! La meilleure solution : le gazon des Mascareignes, encore difficile à trouver (en plants à repiquer à l'automne). Il demande peu d'eau en été et ne se tond presque pas. Mais il est plus cher à l'achat qu'un gazon classique, forcément !

POUPONNER LE GAZON

Le gazon ne doit pas être piétiné pendant la levée (il se forme un duvet vert) : attendre au moins un mois après la germination, et n'y circuler que si c'est impératif. Marcher sur des planches posées sur le sol au besoin. La première tonte doit se faire assez haute (cran relevé au maximum sur la tondeuse), trois mois après (ou à la fin avril si le gazon a été semé en automne). Tondre lentement, car les plants peuvent être arrachés par les roues.

QUE D'EAU !

Un jeune gazon semé au printemps doit être arrosé durant toute la saison, le temps qu'il s'installe. L'année d'après, il n'aura besoin d'arrosage que s'il commence à sécher. Un gazon est bien plus beau s'il reçoit beaucoup d'eau, mais cette pratique n'est vraiment pas "tendance" ! Un gazon qui jaunit un peu en été, ce n'est pas dramatique non plus ! il reverdira aux premières pluies.

QUELQUES SECRETS POUR UN BEAU GAZON

- **Passer le rouleau à gazon** après une grosse pluie, chaque mois.
- **Tondre bas** mais régulièrement : toutes les semaines s'il le faut !
- **Épandre du terreau** riche au printemps (en mars) et passer un coup de râteau pour qu'il s'écoule entre les brins d'herbe.

GAZON DÉFRAÎCHI ?
Évitez le traitement chimique (désherbants à gazon, anti-mousse), car règlent les symptômes et pas les problèmes. La mousse n'est pas si laide : Acceptez ou épandez une poignée par m^2 de la chaux agricole (en février). Contre le trèfle et les pissenlits, tondez plus court.

SEMER À LA VOLÉE

1 Sur une terre propre et préparée au préalable (voir page 18), passez un coup de râteau afin d'égaliser la surface du sol. Il ne doit y avoir ni bosse ni creux.

2 Retirez les cailloux gros comme une prune ou davantage. Il ne doit subsister aucun débris qui finirait par se prendre dans la tondeuse (racines, ficelles…).

3 Semez les graines de gazon en une pluie homogène, à raison de 40 g/m^2 (soit l'équivalent d'un verre). Pas la peine d'en mettre plus, les jeunes pieds vont s'étaler !

4 Passez le rouleau à gazon par-dessus. À défaut, tapez le sol avec une planche : il faut que la terre colle aux graines.

Arrosez en pluie fine, sauf si un épisode pluvieux est prévu.

5 Recouvrez d'une fine pellicule de terreau, tamisé s'il le faut (sans gros débris). Cette couche cache les graines aux yeux des oiseaux et facilite la germination.

6 Et voilà le résultat !

LES TÂCHES ESSENTIELLES

PRINTEMPS

Fleurs

Planter les variétés vivaces et les annuelles de printemps. **Semer** sous abri les fleurs d'été. Les planter à partir de début mai. **Démarrer** au chaud les souches de bégonia tubéreux et de cannas dans du terreau léger et humide. **Couper** les fleurs fanées de narcisses (ou jonquilles) et de tulipes. **Tuteurer** les grandes vivaces (delphiniums, pivoines…). **Planter** à partir de la fin avril les bulbes à fleurs d'été (glaïeuls, dahlias…).

Légumes

Semer en plein air, toutes les laitues, les radis. Sous abri, semer tous les légumes d'été. **Planter** les herbes aromatiques, les fraisiers et la rhubarbe. **Pailler** le pied des fraisiers. **Butter** les pieds d'asperge. **Planter** à partir de la fin avril les pommes de terre. À partir de la mi-mai (lorsque les dernières gelées sont passées): **planter** les légumes d'été. **Semer** en pleine terre les courges, les blettes (poirées), les haricots…

Fruits

Effectuer une pulvérisation de soufre mouillable sur les branches et les jeunes pousses contre les maladies des fruits, juste avant que les fleurs n'éclosent (on ne traite jamais pendant la floraison). **Pulvériser** le soir de l'anti-chenille (écologique, à base de Bacillus) sur les jeunes pousses grignotées. **Tailler** la vigne et les kiwis. **Arroser** les arbres fruitiers plantés cet hiver.

Haies et arbustes

Planter les végétaux restant toujours vert (persistants), les bambous et les petits conifères.

Gazon

Couper l'herbe à partir de la mi-avril, en réglant la tondeuse en position haute (à baisser graduellement au cours des tontes ultérieures). **Semer** les nouvelles pelouses.

ÉTÉ

Fleurs

Semer les fleurs annuelles d'automne ou à pousse rapide : belles-de-jour, capucines pensées, etc. **Tailler** les arbustes à floraison printanière (forsythias, cassis-fleur, etc.). **Enlever** les roses fanées et brûler les feuilles tachées ou jaunies sur ces arbustes.

Légumes

Butter les rangs de pomme de terre, de haricots. **Sarcler** à la binette la terre au pied des cultures. **Arroser** les légumes au pied, le soir (à la "fraîche"). **Fertiliser** les légumes en pleine croissance avec un engrais adapté, à ajouter à l'eau d'arrosage. **Récolter** les tomates, les courges, les haricots et autres légumes au fur et à mesure. **Semer** les légumes d'hiver (navets, carottes, betteraves, chicorées, poireaux…). **Tailler** les pousses naissant à l'aisselle des feuilles des plants de tomates.

Fruits

Protéger les cerises et autres petits fruits (framboises, cassis…) contre les oiseaux (par un filet par ex.). **Supprimer** les pousses naissant sous la partie renflée des troncs (le point de greffe) des pommiers. **Couper** l'herbe poussant au pied des jeunes arbres. **Récolter** les framboises et couper à ras les tiges qui ont donné.

Haies et arbustes

Tailler les haies de persistants. **Rafraîchir** la coupe des haies à feuilles caduques (charmes et troènes). **Arroser** les haies plantées cet hiver ou au printemps.

Gazon

Arroser uniquement les pelouses semées au printemps. **Tondre** moins souvent par temps sec.

LES TÂCHES ESSENTIELLES

AUTOMNE

Fleurs

Semer les fleurs annuelles et bisannuelles de printemps (myosotis, giroflées de Nice, campanules...). **Semer** en pleine terre les lupins et les roses trémières. **Couper** les tiges flétries et les feuillages ayant gelé. **Arracher** les bulbes d'été avant les grosses gelées et les remiser en cave. Planter les bulbes à fleurs de printemps et les fleurs les accompagnant (myosotis, etc.). **Protéger** les plantes fragiles (fuchsias...), qui resteront en pleine terre. **Rentrer** les autres (agapanthes...), sauf en région à hiver doux.

Légumes

Achever les récoltes et arracher les plants qui ne donnent plus. Les **brûler** contre la propagation des maladies. **Planter** les fraisiers. **Désinfecter** les tuteurs à tomates avec de l'eau de Javel ou de l'eau bouillante contre les maladies (mildiou en particulier).

Fruits

Enlever les feuilles recouvrant les grappes de raisin, les courges et les pommes afin qu'ils mûrissent davantage. **Protéger** les fruits contre les oiseaux, en les ensachant. **Récolter** les fruits à partir de début octobre et jusqu'au 1er novembre.

Haies et arbustes

Tailler les arbustes à floraison estivale (buddléia, grandes lavatères...). **Planter** les arbustes à floraison printanière. **Désherber** le pied des haies en enlevant les lianes sauvages qui s'y seraient installées.

Gazon

Semer les nouvelles pelouses (en climat sec surtout). **Passer** le rouleau sur la pelouse. **Tondre** jusqu'au mois de novembre (sauf s'il gèle avant). **Ramasser** les feuilles mortes.

HIVER

Fleurs

Tailler les rosiers (sauf les variétés anciennes ou rampantes, qui ne se taillent pas). **Achever** la plantation des bulbes de printemps (avant le 15 décembre). **Planter** les rosiers, quel que soit leur conditionnement. **Enlever** les feuilles tombées sur les plantes poussant en tapis ras. **Tailler** les glycines de plus de 4 ans et qui ne fleurissent pas (couper 90 % des pousses de l'année passée).

Légumes

Récolter les derniers légumes de l'hiver : endives, navets, radis d'hiver, betterave, carottes. **Remuer** le sol à la griffe ou le bêcher à grosses mottes (sans ratisser). **Épandre** du fumier pour enrichir la terre. **Pailler** la rhubarbe, les artichauts, le romarin et l'estragon en région froide et en montagne. **Couvrir** les légumes fragiles (mâche, salades d'automne) d'un voile contre les gelées pour les récolter plus longtemps. **Arracher** les légumes-racines (navets, betteraves) et les conserver en cave. **Semer** les légumes ayant besoin d'une ration de froid pour germer, comme le persil, les carottes (à partir de la fin janvier). **Planter** les oignons dits "à repiquer" ou oignons-grelot et les échalotes, à partir du 15 février.

Fruits

Brûler les fruits moisis restés sur les arbres ou tombés au pied. **Tailler** les pommiers et les poiriers, si besoin. **Planter** les arbres vendus en pot ou à racines nues (jusqu'à la fin février). **Traiter** les arbres contre les parasites dormants (pucerons lanigères, etc.) avec une huile dite "d'hiver" vendue en jardinerie, en cas d'attaque seulement.

Haies et arbustes

Planter les haies d'arbustes à feuilles caduques. **Apporter** un fertilisant à libération lente (corne broyée) au pied de toutes les haies, à raison de 1 kg pour 10 m de haie.

Gazon

Pour **éliminer** la mousse si elle vous dérange, passer le scarificateur ou disperser de la chaux agricole (100 g pour 5 m²). **Épandre** du terreau (1 kg pour 3 m²) si la densité du gazon est faible. **Couper** les bordures avec une bêche (ou l'outil adéquat : le coupe-bordures).

ZOOM

Reprendre un terrain en friche

Un jardin abandonné depuis longtemps ou une friche broussailleuse se reprennent en main, mais il faut y mettre les moyens !

ARRACHER UN ARBRE, C'EST POSSIBLE !

Mais... pas sans peine ! Tronçonnez-le, puis creusez une tranchée tout autour, à 50 cm. Dégagez et coupez les racines rencontrées, les unes après les autres. Après ce long et fastidieux travail, vous devriez pouvoir faire basculer la souche. Au-delà d'un tronc de plus de 20 cm de diamètre, il faudra employer un petit engin de terrassement de location. Troisième solution : camoufler la souche (avec du lierre, une plante grimpante, des fleurs) en attendant qu'elle se décompose.

CHACUN SON TOUR

Commencez par couper les ronces et les jeunes arbres. Pour les premières, la faux est souvent plus pratique que la débroussailleuse, si la surface est petite : elle coûte moins cher et est silencieuse. Sinon, montez un disque denté sur la débroussailleuse. Coupez les jeunes arbres à ras, au sécateur de force ou à la scie à élaguer. Les arbres que vous ne souhaitez pas garder devront être dessouchés (une opération particulièrement sportive ou coûteuse, selon l'option choisie : voir ci-contre).

Pour désherber, procédez soit à la main (ou avec une bâche opaque, sous laquelle les herbes meurent), soit avec un désherbant (respectez les conditions d'emploi, y compris le délai durant lequel le produit doit agir). Dans tous les cas, les levées intempestives sont nombreuses et il faudra désherber régulièrement durant les premières années. Là où il n'y a que de l'herbe, on peut envisager de passer la tondeuse. La végétation se transforme en un gazon grossier mais convenable en une saison à condition de tondre au moins tous les 15 jours.

NE COUPEZ PAS TOUT !

Regardez bien les végétaux : gardez ceux qui ont un look intéressant et les vieux buis. Il serait dommage de tronçonner d'un coup ce qui pourrait être mis en valeur et donner du cachet au jardin !

En pot à l'extérieur

LES DIFFÉRENTS CONTENANTS

Avant de cultiver en pot, il faut choisir dans quoi on va le faire. Les solutions sont nombreuses et répondent à tous les besoins.

LES POTS CLASSIQUES

De forme plus ou moins compliquée, on n'y cultive en général qu'une seule plante à la fois, sauf s'ils sont grands. Prévoir une forme adaptée au type de plante que l'on veut y mettre : pas la peine de choisir un pot très haut s'il doit contenir une plante tapissante, car ses racines ne sont pas profondes. Pour un arbuste ou un petit arbre, voyez grand (attention : il faudra beaucoup de terreau pour le remplir et il sera lourd !).

Les caisses en bois traité durent de nombreuses années, si elles sont doublées d'une matière étanche à l'intérieur.

LES JARDINIÈRES

De forme allongée, on y cultive plusieurs plantes côte-à-côte. Elles peuvent être posées par terre (pour les plus grands modèles) ou accrochées au balcon. On les appelle aussi "bacs à plantes". Elles sont adaptées aux petites plantes à fleurs, mais pas aux végétaux de grande taille (les arbustes, les grandes plantes à feuillage ou à fleurs).

LES CAISSES

Version grand modèle et élégante des bacs, elles sont le plus souvent en bois ou en matériau composite. On peut y cultiver des arbustes ou de petits arbres selon leur volume. Le hic du chic, c'est l'étiquette : les caisses à plantes coûtent plusieurs centaines d'euros.

BACS À RÉSERVE D'EAU : PAS POUR L'EXTÉRIEUR

Ces bacs en plastique comportent un double fond, qui reçoit plusieurs litres d'eau en partie basse. Bien pratique pour donner plus d'autonomie aux plantes d'intérieur, ils se transforment en aquarium à l'extérieur, puisque l'eau de pluie s'y accumule sans s'en échapper. Les plantations finissent par y périr. On peut les envisager uniquement à l'abri de la pluie (sous un auvent, par exemple).

Contrairement aux pots évasés, les pots à col étroit ne servent qu'aux plantes saisonnières, car on ne peut pas sortir la motte de la plante sans l'abîmer.

TERRE OU PLASTIQUE ?

Bon marché, le plastique est moins stable face au vent que les pots de terre, qui sont quant à eux parfois trop lourds. La différence entre les deux tient à plusieurs critères :

- **L'esthétique :** le plastique imite de mieux en mieux la terre cuite, mais on aime ou pas…
- **Les besoins en arrosage :** le plastique retient mieux l'eau que la terre cuite, ce qui plaît à de nombreuses plantes (celles de terrain humide), mais déplaît à autant d'autres (celles qui aiment les sols secs). Sur une terrasse ensoleillée et ventée, le plastique évite un dessèchement trop rapide. La terre cuite vernissée a les mêmes propriétés que le plastique.
- **Le budget :** le prix de la terre cuite a beaucoup diminué et les nouvelles solutions (les bacs en fibre de béton) allient design et prix raisonnables (par rapport à la terre cuite) : un bon compromis.
- **Le gel :** seuls les pots portant une étiquette avec des flocons résistent au froid. La terre cuite vernissée finit en miettes dans les régions où il gèle fort. Le plastique n'a pas cet inconvénient…

Le gel abîme la terre cuite non vernissée

CRÉER UNE POTÉE

Les potées d'été, à composer en avril-mai ou les potées d'automne, à composer en octobre, se réalisent de la même façon.

RAPPEL : LE DRAINAGE, INDISPENSABLE !

Au fond de tout pot doit être déposée une couche de 3 cm d'éléments grossiers qui aideront l'eau à s'écouler vers les trous situés au fond. Ce peut être de l'écorce de pin, des billes d'argile expansée, du gravier, des tessons de pots de fleurs ou de tuile... Ce n'est qu'une fois que la couche de drainage est placée que l'on verse le terreau.

1 **Placez une couche de drainage au fond** (ici, des écorces de pin) sur 3 cm (voire 5 si le pot est très haut). Vérifiez que le pot possède des trous de drainage pour laisser s'écouler l'excès d'eau, sinon il se transformera en aquarium à la première pluie ! S'il n'en n'a pas, vous pouvez le percer avec une mèche à carrelage.

2 **Remplissez le pot de terre de jardin** si vous en avez. Sinon, utilisez du terreau enrichi en argile. Le niveau du substrat ne doit pas être trop haut : une fois les plantes (sorties de leur pot) posées dessus, il doit rester encore 3 à 5 cm jusqu'au bord.

3 **Sortez les plantes de leur pot en les "démoulant"** à l'envers : on ne tire pas sur la plante mais on laisse tomber la plante en tenant le pot. On pousse sur le fond pour aider la motte à sortir. Les racines ne sont pas abîmées.

4 **Placez les plantes selon votre inspiration**, juste en posant les mottes sur la couche de terreau, afin d'arriver à la disposition souhaitée.

5 Lorsque les plantes sont en place, y compris les plus grandes, **comblez les manques avec du terreau**, entre les mottes et le bord du pot. Tassez pour caler les plantes et faire rentrer le terreau. Ne remplissez pas le pot à moins de 3 cm du bord.

6 **Arrosez copieusement la potée**, juste avec de l'eau. Vous pourrez envisager un premier apport d'engrais dans un mois, sachant que la potée sera vraiment à son optimum d'ici deux mois environ.

1

2

3

4

5

6

DOSER L'ARROSAGE

Les plantes gardées en pot à l'extérieur ne profitent pas autant de la pluie que si elles étaient en pleine terre. L'arrosage est un point essentiel pour les garder en vie longtemps.

Arrosez en pluie avec une pression modérée pour ne pas déchausser les plantes.

AU TUYAU OU À L'ARROSOIR

Le premier est bien pratique sur une terrasse un peu longue, le second suffit pour les quelques pots posés sur un balcon ou des jardinières. En pot, il faut de toute façon arroser peu : soit 2 à 3 l par pot tout de même, deux à trois fois par semaine en plein été. **Inutile d'inonder les plantes :** les pots ne peuvent pas emmagasiner beaucoup, contrairement à la pleine terre. **En revanche, trop d'eau fait pourrir les racines.** Apprenez à doser la quantité apportée à chaque plante. La terre doit être mouillée de façon homogène, sans partie laissée sèche. **Dernier conseil : arrosez de préférence le soir.**

À LA PAILLE

Dès que le nombre de pots dépasse la douzaine, il devient intéressant de poser un arrosage programmable. Il s'agit d'une vanne électrique (marchant à piles, il n'y a aucun risque de court-circuit) commandant un robinet. Celui-ci dessert un tuyau, sur lequel on branche de petits conduits d'irrigation. Ceux-ci sont soit enfoncés dans les pots, soit tenus par une piquet. Il est possible de garnir l'extrémité de ces petits tuyaux (un peu plus gros qu'une paille !) d'un goutteur à débit réglable. Vous pouvez ainsi, avec le même programme, inonder une plante qui aime avoir les pieds dans l'eau et humecter modérément une plante méditerranéenne. Il faut juste faire ses essais à l'avance, car tout se règle à l'intuition. Pas question d'installer un tel système la veille du départ, sinon vous retrouverez vos plantes sèches ou dans un marécage !

1 Un programmateur classique, à brancher sur un tuyau sous pression (il n'ouvrira pas tout seul le robinet en amont !).

2 Un tuyau sans embout : le débit n'est pas réglable.

3 Un goutteur bien trop ouvert (desserré) : l'inondation est vite arrivée…

EN CAS D'ABSENCE : DES SOLUTIONS

Regroupez vos potées à l'ombre, avec une soucoupe chacune et inondez-les. Si vous n'avez pas d'ombre, couvrez le tout d'un voile ou d'un vieux drap. Elles pourront ainsi tenir au moins 5 jours en été (davantage si un orage se présente ou que le temps est couvert). En cas d'absence plus longue, l'arrosage programmable est indispensable. Vous pouvez sinon faire appel à des bacs à réserve d'eau avec des mèches capillaires. Ce n'est pas efficace à 100% et il faut bien les tester avant de partir…

NOURRIR

Comme l'eau, la fertilisation des plantes en pot est plus importante que pour celles en pleine terre, car les racines ne peuvent aller chercher ce qui leur manque.

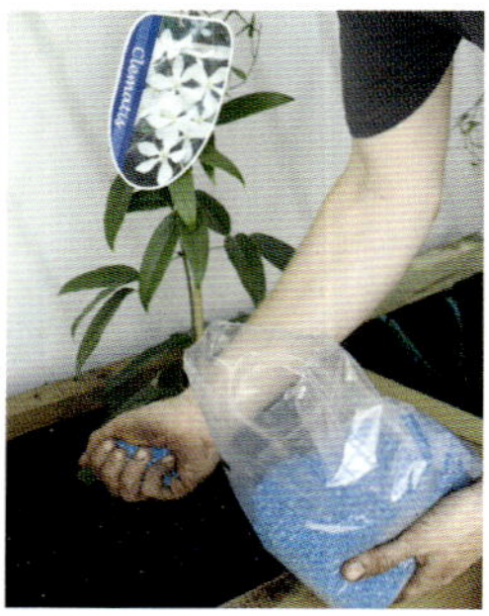

Les engrais chimiques en granulés doivent être apportés avec parcimonie : respectez les doses prescrites sur l'emballage.

FORME, QUALITÉ ET QUANTITÉ

Les choix à faire pour l'engrais sont ceux indiqués p. 12. Retenez que l'azote (N) favorise les feuilles, le phosphate (P) l'activité générale de la plante, et la potasse (K) encourage la floraison et la fructification. En gros, un engrais riche en azote vaut pour les plantes dont on aime le feuillage (les hostas, par exemple) et un engrais riche en potasse pour celles à fleurs ou à fruits. Un engrais "fruits" vaut aussi bien pour les fraisiers et les agrumes en pot que les rosiers. Vous pouvez acheter autant de variétés d'engrais que vous avez de type de plantes, mais il n'est pas interdit de se simplifier la vie. Préférez les engrais liquides (à diluer) ou les engrais en billes.

L'important est surtout de ne pas surdoser l'engrais

On a toujours tendance à penser que plus la plante a d'engrais, plus elle pousse. C'est faux, car trop d'engrais brûle les racines. Si de petits cristaux par exemple se forment sur les bords du pot, c'est que la dose est bien trop élevée. Le bon dosage dépend de plusieurs facteurs. Une plante dont la terre n'a pas été changée depuis longtemps, dont le contenant est de petite taille, devra recevoir plus d'engrais qu'une plante installée depuis peu dans un gros pot. Il n'y a pas besoin d'apporter d'engrais durant les deux mois suivant la plantation dans de la terre "fraîche". Le risque de surdosage est plus élevé avec les engrais chimiques qu'avec les engrais organiques liquides.

Le nandina est un bon arbuste à cultiver en pot.

LES ENGRAIS À RETARDEMENT

Les engrais liquides agissent immédiatement sur la plante. Il existe depuis longtemps des engrais en granulés à libération progressive (dits aussi "engrais retard"). Les sels minéraux ne se répandent qu'à la longue, ce qui évite les surdosages et les apports fréquents. Ils sont à privilégier.

UNE ALTERNATIVE : LE SURFAÇAGE

Le surfaçage évite de rempoter une plante (voir p. 80 pour la technique). Avec les gros pots en extérieur, l'opération devient lourde. On peut éviter de changer la terre en opérant un surfaçage. Pour cela, on décape le terreau en surface 1, sur un quart au maximum de la hauteur du pot. On griffe les racines pour les démêler et retirer le maximum de terreau sans les blesser. On comble ce que l'on a enlevé avec du terreau neuf 2, et on arrose par dessus pour faire coller. À réaliser plutôt au printemps. Si la plante est trop à l'étroit, il faudra rempoter.

Les hostas sont des plantes gourmandes, qui aiment une fertilisation azotée

ZOOM

Les plantes MÉDITERRANÉENNES

Elles apportent du soleil, mais ce ne sont pas toujours les plus faciles là où il gèle fort en hiver !

QUELQUES CLASSIQUES

Les agrumes ❶ : ils ont toujours besoin de lumière et d'arrosages copieux après la floraison.
Les citronniers et les orangers calamondins (à petits fruits) ne sont pas difficiles à cultiver, les autres agrumes sont plus délicats.

PASSER L'HIVER
Sauf exceptions, elles ont besoin d'une protection hivernale.
Le mieux est de les garder à la lumière, à 5 °C : une cage d'escalier ensoleillée ou un hall non chauffé suffisent.
Sinon, il faudra regrouper tous les pots à l'endroit le plus abrité et les enrubanner dans un voile d'hivernage (une matière spéciale vendue en jardinerie), en plaçant les pots sur des cales. Mais si toute la terre gèle dans le pot, il y a des chances pour que la plante en meure.

Les bougainvillées ❷ : plantes de chaleur et de plein soleil par excellence, elles n'aiment pas les courants d'air ni le manque d'eau.
À éviter si vous ne vous sentez pas la main verte.

Le callistémon ❸ : dit aussi "rince-bouteille", c'est un arbuste très facile qui résiste jusqu'à -7 °C au plus froid de l'hiver mais qui devient moche s'il manque d'eau en été…

Le datura ❹ : ses grandes trompettes se succèdent en été, à coup d'engrais, de soleil et d'arrosages réguliers. Il peut attraper des maladies mais repart toujours de la souche. Toutes les parties sont toxiques.

Les lavandes ❺ : incontournables, elles résistent à peu près à tout : le vent, le gel, les arrosages irréguliers… Coupez une partie de leurs rameaux de l'année pour éviter qu'elles ne se dégarnissent.

L'olivier : sobre, il se contente de quelques arro-

sages et peu d'engrais.
Les jeunes sujets sont moins résistants que les gros.

Les yuccas et les agaves ❻
Plantes très sobres, et quasiment inratables en plein soleil s'il ne gèle pas trop en hiver (les yuccas résistent mieux que les agaves). Attention à les épointer, car les feuilles sont férocement munies !

Les plantes succulentes ❼
Dites aussi "plantes grasses" (mais elles ne sont ni riches en graisse ni bonnes à manger !). À condition de leur offrir un local lumineux et hors gel en hiver, ce sont les plantes les plus faciles à cultiver. Certaines sont indestructibles, ou presque.

❼

1

2

3

4

5

6

LES INCONTOURNABLES

Le choix est vaste, mais celles qui font des fleurs à foison et celles qui gardent leurs feuilles en hiver ont clairement la préférence des jardiniers.

Buis ❶ : il reste vert toute l'année et est assez tolérant. Il faut le tailler au moins une fois par an (deux c'est mieux). Une bonne plante pour mettre des fleurs en valeurs.

Rosiers ❷ : toutes les variétés ne conviennent pas à une culture en pot. Les rosiers nains, comme ceux de la série 'Meillandina' sont très bien adaptés. Les rosiers "buissons" (qui forment un arbuste) sont aussi envisageables, à condition de choisir des variétés assez petites et de les tailler court chaque hiver. Même dans un gros pot, les rosiers grimpants resteront petits (2 m ou moins).

Graminées ❸ : de plus en plus à la mode, elles sont belles toute l'année et ne demandent pas trop de soin (fertilisation et arrosages réguliers). Certaines forment en plus de jolis plumeaux ou des goupillons soyeux. Inratables.

Géraniums 4 (ou *Pelargonium* de leur vrai nom) : classiques et faciles, tout comme les impatientes et les pétunias. Mais il faut les racheter chaque année (après le 15 avril).

Pétunias 5 : avec leurs cousins les *Surfinias* et les *Callibrachoas*, ces cascades de fleurs garantissent un été haut en couleurs. Un arrosage attentif et une fertilisation régulière sont indispensables. Il faut racheter les plants à chaque printemps…

Marguerites 6 : de leur nom latin *Dimorphotheca*, *Arctotis* ou *Argyranthemum*, elles ont en commun de ne pas résister beaucoup au gel mais de fleurir inlassablement jusqu'aux gelées. À traiter comme des plantes méditerranéennes (voir en pages précédentes).

Célosies 7 : achetées en potées toutes faites, elles ne vivent qu'une saison (ce sont des annuelles) et on les jette après floraison.

Lierre 8 : parfait pour garnir le pied des potées, il résiste à tout, sauf au manque d'eau et au soleil trop fort.

DEUX PRÉCAUTIONS UTILES ‹‹‹‹‹‹

Tremper la motte
Plongez le pot du végétal à planter dans un seau d'eau et attendez que le tout soit imbibé. Le pot s'enlève plus facilement et l'étape suivante est plus simple.

Défaire la motte
Démêlez les racines avec une griffe à main, afin de les "débobiner". Vous pourrez mieux les étaler sur le terreau, elles adhéreront plus à la terre et la plante repartira mieux.

ZOOM

Des LÉGUMES en POT

JARDINIÈRE DE LÉGUMES <<
Vous pouvez aussi planter dans une jardinière faite de 4 planches ou poutres assemblées à angle droit et formant un cadre. Posez-le au sol, sur une bâche étanche (contre les écoulements d'eau). Remplissez de terreau et plantez dedans. Mais attention ! Il vous faudra 300 litres de terreau pour une jardinière de 1 m² et haute de 30 cm.

LE BON VOLUME

On voit souvent des photos de balconnières de 15 litres dans lesquelles on fait tenir une demi-douzaine de belles salades, accompagnées de pimpantes tomates et moult aromatiques. Ne vous laissez pas avoir: ces photos sont truquées. Sinon, on ne s'embêterait pas à faire un potager, tout le monde cultiverait ses légumes en pot! Pour réussir des légumes en pot, il faut donc prévoir le plus gros volume possible. Comptez au moins 5 litres par plant, le double s'il s'agit de tomates.
Un terreau dense donnera de bien meilleurs résultats qu'un terreau fibreux et maigre.

MINI-VARIÉTÉS

Les mini-légumes sont tout indiqués: tomates-cerises, carottes rondes, radis, salades à couper, mini-potiron et même pommes de terre. Les plants à repiquer vendus en barquettes sont aussi très satisfaisants.

En pot à l'intérieur

LES POINTS À SURVEILLER

Une plante à l'intérieur de la maison nécessite plus de soins qu'une plante poussant en pot à l'extérieur : il faut être attentif aux conditions de culture !

Faites profiter vos plantes de bains de soleil à la mi-saison si la pièce est sombre.

LA LUMIÈRE

On pense que dans une pièce claire pourvue de grandes fenêtres, il y a assez de lumière pour les plantes situées au fond de la pièce. C'est en fait une illusion, car la lumière s'estompe rapidement au fur et à mesure qu'on s'éloigne de la fenêtre, et pour une plante, les intérieurs sont souvent trop sombres. Il faut prévoir de placer les pots à proximité des fenêtres, et choisir des plantes très peu exigeantes en lumière si la pièce est orientée au Nord ou à l'Est.

L'ARROSAGE

Le terreau se dessèche très vite en intérieur : il faut donc arroser souvent avant, bien que les feuilles ne commencent à flétrir. La motte ne doit pas non plus rester détrempée en permanence : comme il n'y a pas de vent en intérieur, l'air ne circule presque pas et les racines ont tendance à s'asphyxier, plus vite qu'à l'extérieur. Il faut donc arroser peu mais souvent, par exemple 2 fois par semaine. Un bac à réserve d'eau intégrée est utile : il permet d'arroser moins souvent.

LA CHALEUR

On a beau avoir chaud dans une pièce, ce n'est pas le cas des plantes qu'on y cultive, puisqu'elles sont originaires des Tropiques, où il fait plus de 25°C toute l'année. À moins de 15°C, certaines commencent à avoir triste mine, ou ont l'air d'avoir soif, alors que la motte est trempée. Il leur faut donc plus de chaleur, mais aussi de l'humidité. En effet, elles respirent à travers leurs pores, tout comme notre peau...

BON À SAVOIR <

Les soucoupes placées sous les pots ne doivent pas se trouver remplies en permanence. Elles évitent les débordements mais ne doivent pas servir de réserve d'eau, sous peine de faire pourrir les racines ! Videz-les après chaque arrosage.

Ne mettez jamais de pot sur un radiateur, mais évitez aussi de placer les frileuses derrière un simple vitrage en hiver.

LA TERRE

Il n'y a pas de contrainte particulière concernant le substrat dans lequel sont cultivées les plantes. Les terreaux trop collants ne sont pas recommandés, et ceux qui sont enrichis en sable ou en fibres conviennent très bien. L'eau doit s'écouler sans difficulté à travers l'épaisseur de substrat. Si vous avez la possibilité de vous en procurer, cultivez vos plantes d'intérieur dans du compost de jardin fait "maison" : elles adorent ça !

Les pots doivent être vernissés sinon la motte s'assèche rapidement !

LES POTS

Là non plus, vous n'êtes pas contraint : les pots légers ne risquent pas d'être renversés par le vent, comme en extérieur. Plus un pot sera gros, et plus il aura d'autonomie : il faudra arroser et rempoter moins souvent ce qui y pousse. Évitez par contre les pots en terre cuite brute ou alors servez-vous en comme cache-pot, car la terre s'y dessèche trop vite.

REMPOTER ET FERTILISER

Le rempotage consiste à changer la terre usée d'une plante en pot. L'apport d'engrais ne peut pas subvenir à tous les besoins de la plante, et il faut combiner ces deux façons de la nourrir.

REMPOTER EN 3 ÉTAPES

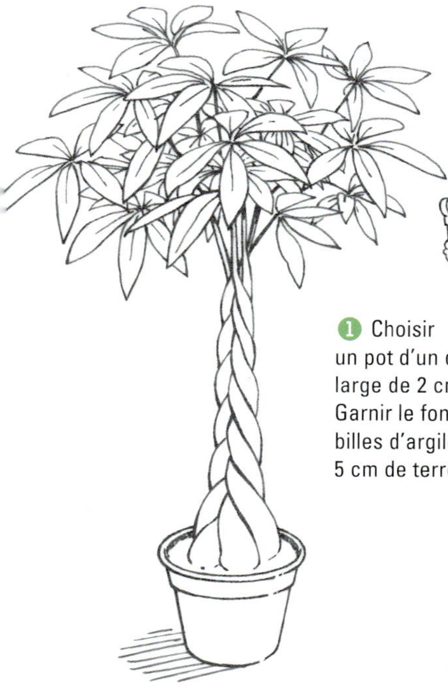

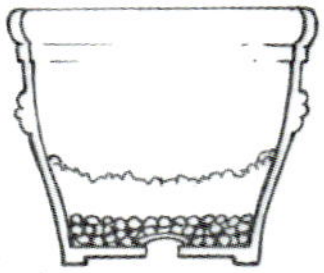

1 Choisir un pot d'un diamètre plus large de 2 cm que l'actuel. Garnir le fond de 1 à 3 cm de billes d'argile et recouvrir de 5 cm de terreau au fond.

2 Sortir la plante de son ancien pot et démêler fortement la motte en griffant, afin de séparer les racines de la terre usagée. Couper les plus longues des racines et celles qui sont abîmées, jusqu'à un point sain.

3 Placer la plante dans le nouveau pot. La tenir d'une main et, de l'autre, la caler en comblant les manques sur le côté avec du terreau frais. Tasser le terreau et remplir jusqu'à 2 cm du bord du pot. Arroser la motte jusqu'à la détremper, puis, par la suite, reprendre un rythme d'arrosage normal.

LES ENGRAIS, À DOSER

L'engrais aide la plante à se développer en lui apportant les éléments qu'elle trouve en quantité limitée dans la terre de son pot. D'origine chimique ou naturelle, les engrais ne sont pas une panacée. Souvenez-vous que ce qui limite la croissance des plantes en appartement, c'est :

- **le manque de lumière**
- **le volume du pot**
  (l'engrais ne peut pas tout suppléer)
- **la température et l'humidité**
  (souvent trop peu élevées).

L'excès d'engrais est pire que le manque. Il faut donc bien respecter les doses prescrites sur l'emballage. Une fois cette précaution prise, il faut toujours utiliser des engrais complets (avec oligo-éléments). Un apport d'engrais tous les deux mois, de mars à septembre, suffit dans presque tous les cas. Les engrais à libération progressive sous forme de bâtonnets sont bien pratiques.

QUAND FAUT-IL REMPOTER ?

Lorsque les racines ont investi tout le volume de terre disponible, la plante a exploité tous les sels minéraux disponibles et elle est à l'étroit. Certaines espèces le supportent mieux que d'autres. **En général, on ne rempote que tous les deux ans,** sauf si la plante pousse beaucoup (rempotage annuel) ou très peu (tous les trois ans par exemple). Dépotez la plante et regardez la motte : si le fond est tapissé de racines, il faut rempoter. Sinon, cela peut encore attendre.

À SAVOIR
Il n'y a pas de risque de surdosage avec les engrais organiques (engrais bio).

Celle-là, un engrais pour gazon lui suffira : c'est aussi une plante dont seules les feuilles nous intéressent !

L'engrais en bâton, c'est pratique mais il ne faut pas en abuser : un par an et par plante, pas plus !

À rempoter sans tarder...

SOIGNER LES POTÉES FLEURIES

Pimpantes lorsqu'on les ramène à la maison, elles finissent toujours par décliner un peu. Ce ne sont pas des plantes que l'on garde longtemps, mais des bouquets qui durent... Nuance !

Le gerbéra doit être arrosé très régulièrement ; il peut refleurir pendant quelques semaines.

FRAÎCHEUR ET HUMIDITÉ

Contrairement aux plantes d'intérieur pérennes, la lumière importe peu puisque de toute façon la plante sera jetée à la fin de la floraison. On va surtout chercher à ce que celle-ci dure le plus longtemps possible.

En premier lieu, gardez-les au frais. Le soir, placez-les dans une pièce peu chauffée (dans l'idéal : 10 à 12 °C), comme un garage par exemple. Arrosez lorsque la motte commence à se dessécher. Les gerbéras craignent la soif, tandis que l'étoile-de-Noël redoute les excès.

Lorsque la plante semble se ramollir (fréquent chez les cyclamens et les étoiles-de-Noël), c'est qu'elle a trop chaud. Laissez-la une journée entière dans un lieu frais : elle devrait relever la tête. Il ne sert à rien de la noyer d'eau : elle en a souvent déjà bien assez !

QUAND LA FLEUR FANE...

Certaines gagneront à être plantées dehors, en pot ou en pleine terre : cyclamens, jacinthes, primevères, etc. Quant aux autres, vous pouvez les mettre sur le tas de compost si vous en avez un...

BON À SAVOIR <
Pourquoi jeter ? Parce que les plantes fleuries sont produites dans des conditions particulières, qu'elles ne retrouveront jamais en intérieur. On peut en garder quelques-unes, mais elles sont toujours décevantes...

Les primevères ne tiennent pas longtemps en intérieur, mais elles connaîtront une deuxième vie dehors.

Les orchidées

ZOOM

Ces belles ont une réputation de plantes difficiles, mais c'est injustifié pour les plus courantes, comme les *Phalaenopsis* (orchidées papillon) et les *Cymbidiums*...

BEAUCOUP D'EAU MAIS BIEN

- **Elles ont besoin de beaucoup d'eau**, pas tant en arrosage direct qu'en brume. Le mieux sera de les pulvériser souvent, avec de l'eau à la température de la pièce, en utilisant un petit pulvérisateur à main. Le substrat (un mélange d'écorces broyées et de mousse) doit être un peu moite mais pas humide : en le pressant entre les doigts, on ne doit pas voir d'eau s'écouler.

- **L'eau ne doit pas être calcaire :** employez de l'eau de pluie si possible, ou bien mélangez de l'eau du robinet avec de l'eau déminéralisée ou un jus de citron. Il vaut la peine de sortir les orchidées en été, juste le temps d'une ondée, qui nettoiera les feuilles et les humectera complètement. Sinon, donnez-leur une douche dans la salle de bain à l'eau tiède, tout simplement !

DO NOT DISTURB

Les orchidées n'aiment pas être dérangées. Lorsqu'on les change de place et qu'elles sont en train de former des boutons, cette perturbation peut compromettre la floraison. Certaines peuvent aussi former des feuilles en forme d'accordéon. Lorsque vous installez une orchidée dans un endroit, apprêtez-vous à l'y laisser pour longtemps. De même, évitez les courants froids : la fenêtre que l'on ouvre en hiver pour aérer une pièce, c'est une bonne idée, mais sans orchidée dans les parages !

Le *Phalaenopsis* est l'orchidée la plus facile à cultiver en intérieur.

PROLONGER LA VIE DES PLANTES

Qu'elles soient fragiles ou solides, toutes apprécieront ces petites attentions !

Pulvérisez le dessus et le dessous du feuillage.

CA FAIT PSCHIIT !

Pulvérisez régulièrement de l'eau non calcaire sur le feuillage, sur le dessus et au revers des feuilles. Les végétaux en intérieur ont du mal à respirer en intérieur car l'air est trop sec. Une bonne solution consiste également à placer les plantes sur une très large soucoupe, haute d'au moins 5 cm et remplie de billes d'argile. On remplit la soucoupe de façon à ce que le fond de la couche baigne dans l'eau. Ainsi, le pot repose sur des billes humides mais sans contact direct avec l'eau, et l'air est un peu plus moite aux alentours de la plante.

FEUILLES NETTES

Autre tâche importante : **nettoyer les feuilles** ❶. Celles-ci s'encrassent (même dans un intérieur propre !). La poussière étouffe les feuilles mais surtout leur vole de la lumière : une feuille poussiéreuse perçoit jusqu'à 20% de lumière en moins qu'une feuille

QUELLE DURÉE DE VIE ?

Certaines sont increvables et vous les garderez pendant des années. D'autres ont une courte durée de vie, et il sera bien normal de les voir dépérir un jour. Les cactées et les plantes charnues (comme la chaîne-des-cœurs, ci-contre) vivent le plus longtemps. Les orchidées durent aussi de nombreuses années si elles se plaisent. Les arbustes d'intérieur finissent par végéter (au bout d'une dizaine d'année), tandis que les plantes à fleurs fragiles (gerbéra, cyclamen, poinsettia) durent rarement plus d'un an… Les plus solides, comme les clivias, font partie des plantes indestructibles.

Un coup d'éponge avec de l'eau, c'est suffisant mais indispensable.

Déposez une cuillère d'engrais organique à la surface du pot et arrosez par-dessus.

propre au même endroit ! Employez tout simplement une éponge imbibée d'eau tiède, et évitez les produits lustrants, qui plastifient en quelque sorte la feuille, ce qui est encore pire.

ASTUCES POUR FERTILISER

Outre les engrais vendus en bouteille, vous pouvez bien sûr apporter à vos plantes d'intérieur **des engrais organiques en poudre** destinés aux plantes d'extérieur, comme la potasse ou la farine de plumes 2. Versez l'équivalent d'une cuillère à soupe au pied des potées, au printemps, et remuez le terreau en surface pour faire pénétrer.

Déposer du marc de café ou des sachets de thé au pied des plantes n'apporte rien de bien transcendant, si ce n'est des odeurs de café rance et la vue de vieux sachets en décomposition. Ramenez quelques poignées de terreau à l'occasion d'une ballade dans la campagne, cela vaudra dix fois mieux !

Lorsque les pousses deviennent trop longues, il faut en couper les extrémités.

LES INCONTOURNABLES

Impossible de les présenter toutes ! Voici quelques-unes des plus classiques mais surtout que l'on peut garder sans trop de peine...

Bégonia ❶ : très populaires, ils sont en général généreux s'ils ont de la lumière. Ils ne craignent pas l'air sec en intérieur car ils sont un peu charnus. Un seul point délicat: l'arrosage, fréquent mais jamais copieux. La motte doit commencer à sécher en surface avant d'arroser à nouveau.

Broméliacées ❷ : ce sont ces plantes en rosettes d'où émerge au centre un épi coloré et coriace. Leur nom latin est *Vriesea* ou *Guzmania*. Elles ont besoin de beaucoup d'humidité atmosphérique mais peuvent fleurir pendant plus de 3 mois. Il ne leur faut pas trop de soleil. À noter qu'on les arrose au pied et jamais par la rosette (ce qui les fait pourrir).

Coléus ❸ : ces plantes à feuilles colorées de façon variée réussissent si on leur donne du soleil. Elles aiment bien l'air sec. Elles finissent par se dégarnir de la base et il faut de temps à autre les bouturer, c'est-à-dire laisser s'enraciner une extrémité de branche (10 cm de long).

Dipladénias ❹ : ces belles lianes ont besoin de chaleur et de lumière. Parfaites derrière une fenêtre bien exposée, si la vitre n'est pas froide. Et même si elles ne fleurissent pas, leur feuillage luisant est décoratif.

Fougères ❺ : reines de l'ombre, les fougères ont besoin de beaucoup d'humidité. Il faudra donc les pulvériser ou les placer sur un lit de billes d'argile humide.
La patte-de-lapin (de son nom latin Davallia) est l'une des plus résistantes.

Hibiscus ❻ : l'une des fleurs les plus connues. Les fleurs se forment toute l'année sur les plantes à qui l'on procure les mêmes soins qu'aux dipladénias, mais en arrosant régulièrement. Revers de la médaille, les hibiscus sont sensibles aux maladies...

Misères ❼ : si vous ne les réussissez pas, alors il faut penser aux plantes artificielles ! Elles poussent tellement qu'on se demande parfois comment s'en défaire. Arrosez quand même un peu et ne les enfermez pas dans le noir...

❷

❺

Philodendron 8 : dit aussi monstéra, il peut devenir très encombrant dans une pièce claire, mais ses feuilles sont si décoratives que personne ne s'en plaint. Il demande plus d'engrais que les autres et n'a pas besoin qu'on le pulvérise. Il fleurit volontiers, en formant des arums jaune crème.

7

Syngoniums 9 : grimpantes qui demandent plus d'humidité mais moins de lumière que le philodendron. Parfait pour garnir le pied d'une plante qui se dégarnit (un ficus par exemple !).

Plantes grasses 10 : 90 % de soleil, 10 % d'eau: c'est tout ce qu'elles demandent en intérieur. Ce sont les plantes les plus exigeantes en lumière mais une fois cette condition remplie, il est impossible de les rater. À arroser quand on y pense, une fois tous les 15 jours environ.

ZOOM

De bons GESTES

Faites encore mieux avec ces trois réflexes à appliquer à vos plantes d'intérieur, elles vous en seront reconnaissantes !

CASSER OU FENDRE LE POT

Lorsque la plante est si à l'étroit que les racines appuient sur les parois et le déforment, ce n'est pas la peine de forcer, sous peine de blesser les racines. Il vaut mieux découper le pot au cutter ou le casser à coups de marteau s'il est en terre cuite. Les pots à col étroit réservent immanquablement ce genre de problème. Sur les pots classiques, ce problème se présente lorsqu'on a attendu trop longtemps avant de rempoter. Dans ce cas, n'essayez pas de démêler les racines, qui sont trop agglomérées : replantez la motte nue directement dans un pot plus grand.

DE L'AIR !

En été, presque toutes les plantes d'intérieur peuvent être sorties, à l'ombre, sinon le coup de soleil est garanti. Rien ne vous empêche, lorsque le temps est doux, de leur faire prendre l'air ou la pluie. La température doit être supérieure à 15 °C, et les plantes ne doivent pas rester dehors lorsque les nuits tombent en dessous de 8 °C (certaines résistent à de petites gelées, mais cela ne s'acquiert qu'avec l'expérience !).

ASSOCIER LES PLANTES

Vous pouvez planter plusieurs plantes dans un gros pot. C'est même préférable, car en groupant les végétaux, il se crée entre eux une ambiance un peu plus moite. Défaites la motte pour démêler les racines, et installez chaque plante de façon à ce que toutes soient au même niveau. Pour éviter qu'elles ne s'étiolent, associez des plantes basses (ou tapissantes) à des plantes plus grandes.

SOS plantes

Rhââ mais qu'est-ce qu'elle a, cette plante, à la fin ?!!
PLANTES MALADES

LES PLANTES SONT MANGÉES

Les plantes ont de nombreux ennemis parmi les insectes et d'autres animaux. L'essentiel des dégâts est commis par un petit nombre d'entre eux seulement.

LE POINÇONNEUR DES LILAS <<<
Sur cet arbuste comme bien d'autres plantes, le bord des feuilles découpé de petits trous d'un demi-centimètre de diamètre trahit la présence de l'otiorrhynque (ne pas confondre avec l'ornithorynque, qui vit en Australie !). Il ne grimpe sur les plantes que la nuit et peut grignoter n'importe quel type de plante. Ses larves vivent dans le sol et mangent les racines. Il n'est pas facile à combattre, mais d'un autre côté, il ne met pas la vie des plantes en danger.

PAS DE PANIQUE !

Les attaques d'ennemis font rarement périr les végétaux sauf les plus jeunes plants, forcément fragiles. Essayez toujours en premier lieu d'éradiquer le ravageur à la main et en vous assurant que c'est bien lui qui cause les dégâts ! Tout traitement, même bio, ne doit venir qu'en dernier recours.

Les pucerons

Inquiétants parce que facilement repérables, ces insectes piqueurs causent en réalité peu de problèmes. Sur les colonies importantes (celles qui couvrent les branches), passez un insecticide à base d'extraits de pyrèthre, ou bien employez les méthodes biologiques (pulvérisation de savon noir dilué dans l'eau).

Les limaces et les escargots

Ces mollusques s'attrapent de nombreuses manières, soit avec des pièges (coupe de bière sans alcool, demi-pamplemousse évidé posé contre le sol...) ou bien avec un anti-limace. Il en existe un (à base de phosphate ferrique) parfaitement respectueux des animaux domestiques et de l'environnement.

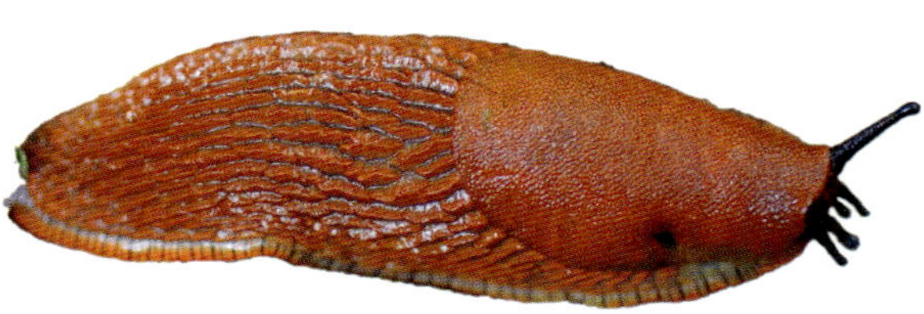

Les pucerons, pas si terribles que ça...

Les cochenilles

Elles forment soit une colonie de petites carapaces plaquées le long des tiges soit un amas laineux sur les nervures (les lignes saillantes des feuilles). Les cochenilles sont difficiles à combattre et plus nuisibles que les pucerons. On pulvérise un produit huileux qui les étouffe (dit “huile d’hiver”).

Cochenilles farineuses.

Les chenilles

Grandes dévoreuses, elles ne posent problème que pendant un temps donné mais pas toute l’année. La plus efficace des luttes consiste à pulvériser un produit à base de “Bt”, d’origine naturelle. Sinon, un insecticide à base d’extraits de pyrèthre en vient à bout.

Piérides.

LES PLANTES SONT MALADES

Les maladies ne sont pas causées pas des insectes, ou alors indirectement. Le plus souvent, elles sont dues à des champignons pathogènes.

ON VA BIEN, MERCI ! <<<<
Attention, les plantes à feuillage jaune ou panaché peuvent vous faire croire à une maladie, alors que tout est en ordre. Les variétés à feuilles dorées trompent souvent le débutant, et certaines panachures aussi. Un vendeur (en pépinière ou grande surface) n'a pas le droit de vendre une plante malade.
Mais si vous n'aimez pas, n'achetez pas…

Blanc ou oïdium ❶

Un feutre blanc, non collant et à forte odeur de champignon, se développe sur les feuilles et les tiges, souvent en fin de saison. Il ne met pas en danger la vie de la plante, sauf sur les plants potagers, mais qui ne donnent plus. Coupez et brûlez les parties atteintes.

Chlorose ❷

Les feuilles se décolorent en laissant les veines bien vertes. Vérifiez que ce n'est pas un trait naturel chez la plante (voir l'encadré ci-contre). Sinon, c'est qu'elle manque de fer, par exemple parce que le sol est calcaire. Apportez un anti-chlorose soluble, à ajouter à l'eau d'arrosage.

Dépérissement ❸

Il n'y a aucune raison qu'une branche se mette à sécher sur la plante. Il s'agit presque toujours d'un champignon qui attaque la plante. Coupez la branche à 5 cm sous le niveau dépérissant, et brûlez-la. Le remède bio (du soufre mouillable, à pulvériser) n'est pas toujours efficace et il faudra parfois passer à un produit chimique (dit "fongicide").

Pourriture grise ❹

Les boutons à fleurs ou les fruits moisissent sur pied, se recroquevillant et se desséchant sur place. Il s'agit des dégâts d'un champignon qui se développe en situation confinée : trop d'eau et pas assez d'air. Il faut surtout moins arroser et placer davantage la plante au soleil.

Poussière noire 5

Une couche ressemblant à de la suie recouvre les branches et les rameaux. Nommée fumagine, elle est due à la présence de cochenilles ou de pucerons. En exterminant ceux-ci, la fumagine disparaît. Nettoyez alors les feuilles pour accélérer le retour à la normale.

BON À SAVOIR <

Les maladies les plus spectaculaires ne sont pas forcément les plus graves. Tant que la plante pousse normalement, il n'y a pas d'urgence.

MOCHES MAIS PAS MÉCHANTS

Il y a de la vie dans le jardin ! Ne prenez pas vos alliés pour des ennemis : la plupart des bestioles vivant entre les pots ou les massifs ne vous veulent pas de mal, bien au contraire…

Les cloportes ❶

Ils ont beau grouiller sous les pots, ils ne se nourrissent que de débris. Ils sont utiles car ils aident à la formation de l'humus et ne s'attaquent jamais aux plantes.

Les perce-oreilles ❷

Mis à part sur les dahlias qu'ils croquent (leur péché mignon !), ils chassent en priorité les pucerons. On les piège avec dans un pot empli de paille, que l'on vide ensuite dans le pommier. Quant aux oreilles, ils s'en fichent…

Les crapauds ❸

Indispensables également, comme les grenouilles, les lézards, les orvets, les hérissons, les mésanges et tous les oiseaux à bec fin…

Les vers de terre ❹

Indispensables. Tout simplement.

Les punaises ❺

Quelques-unes peuvent être problématiques (sur les framboises en particulier), mais la plupart passent leur temps à chasser les pucerons et autres bestioles piqueuses. Les plus grosses et colorées sont inoffensives.

BON OU PAS ? ‹‹‹‹‹‹‹‹‹‹‹‹‹‹‹‹‹‹‹‹‹‹‹‹

Lorsque vous ne savez pas si un insecte est bon ou pas pour votre jardin, c'est sûrement qu'il est utile ! Peu de bestioles posent problème. Elles sont souvent insignifiantes et très discrètes (beaucoup n'agissent que de nuit). Donc les insectes très visibles sont très souvent leurs ennemis. Et puis un jardin, on y récolte du plaisir, pas des ennuis. Alors, pourquoi vouloir la guerre ?

Les araignées 6

Aucune ne s'attaque aux plantes (pas d'exception) mais toutes vous rendent service (pas d'exception non plus). Elles ne piquent pas non plus (on les accuse mais ce sont en fait certaines punaises qui commettent le méfait !).

Les fausses-guêpes 7

Inoffensives et aussi appelées syrphes, elles imitent bien les insectes piqueurs. Leurs larves chassent les pucerons encore mieux que les coccinelles. Notez que les petites guêpes, les abeilles et les bourdons sont aussi indispensables. Sans eux, pas de récolte, car pas de fécondation, donc pas de fruits.

PENSEZ AUX OISEAUX <<<<

Ils ont besoin de nichoirs, mais simples (pas de baguette d'envol). C'est le diamètre du trou d'entrée qui détermine le type d'oiseau qui y nichera. Les nichoirs du commerce, à condition de les choisir de qualité, conviennent très bien.

Mini-Lexique

Pour s'y retrouver dans les jardineries, les pépinières et les livres.

- **AMENDER :** apporter à la terre un engrais, une substance ou une matière particulière afin d'en modifier la nature (chimique ou physique).
- **BISANNUELLE :** plante (ou organe) ne vivant que deux ans, fleurissant la deuxième année.
- **CADUC :** qui perd ses feuilles en hiver.
- **FONGICIDE :** produit du commerce destiné à tuer les champignons parasites des plantes.
- **ŒIL :** synonyme courant de "bourgeon".
- **PERSISTANT :** conservant son feuillage durant l'hiver, dont les feuilles sont généralement épaisses et d'une couleur vert sombre.
- **PINCER :** action de supprimer l'extrémité d'une pousse afin d'en provoquer la ramification.
- **RABATTRE :** couper une plante à ras.
- **REMONTANT :** produisant des fleurs ou des fruits durant toute la belle saison, et non pendant une courte période.
- **REPIQUER :** replanter ailleurs (souvent avec un outil en forme de pic).
- **RUSTIQUE :** plante résistant au froid (en hiver).
- **VARIÉTÉ :** forme particulière d'une espèce sauvage sélectionnée par l'homme, aussi appelée "cultivar". Les hybrides sont des croisements.
- **VIVACE :** se dit d'une plante vivant plusieurs années.

FAUX AMIS : LES NOMS SONT PARFOIS TROMPEURS <<<<<<<<

Ne pas confondre…

- un ACACIA (le mimosa en latin) avec le ROBINIER (surnommé acacia)
- un SYRINGA (le lilas en latin) avec le SERINGAT (un arbuste parfumé)
- un GÉRANIUM (vivace rustique) avec le PÉLARGONIUM (géranium de balcon, pas rustique)
- un NÉNUPHAR (sauvage, à fleurs simples) avec le NYMPHÉA (le roi des bassins)
- un LOTUS (plante aquatique majestueuse, le *Nelumbo* en latin) avec le LOTUS (plante de balcon à petites fleurs)

Sont en revanche pratiquement identiques…

- les violettes et les pensées
- les narcisses et les jonquilles
- les potirons et les citrouilles
- les rhododendrons et les azalées
- les poivrons et les piments.